デューイが見た
大正期の日本と中国

家族への手紙

ジョン・デューイ＆アリス・チップマン・デューイ［著］
エヴリン・デューイ［編］　梓澤 登［訳］

論創社

Letters From China And Japan (1920) by John Dewey and Alice Chipman Dewey

edited by Evelyn Dewey

E. P. Dutton & Company

序文

コロンビア大学の哲学科教授ジョン・デューイと妻のアリスは、一九一九年の初めにアメリカを出発し、日本に旅立ちました。

本書に収められている書簡はこの旅行中に書かれたものです。東半球の一端に触れてみたいという夫妻の長年にわたる熱望を実現する旅でした。当初は、軽い気晴らしを目的とするものでしたが、サンフランシスコを出発する直前に、東京帝国大学をはじめ講演を依頼する日本からの電報がデューイ教授のもとに届きました。

夫妻は数か月間、日本各地を訪ねてまわり、予期せぬ歓迎を受けて至福の時を体験した後、五月の帰国前にとりあえず数週間の予定で、中国に足を伸ばすことにしました。

国内が一体となって独立を志向する中国の民主主義闘争の魅力が、一九一九年夏に帰国するという当初の計画を変更させるに至りました。デューイ教授はコロンビア大学に一年間の休暇を申請して認められ、妻とともに中国に滞在中です。

夫妻ともに、西洋の民主主義が古代以来の帝国にもたらされる道筋を説明しようと懸命な思いで講義を重ね、議論の場を共有しています。数々の手紙に書かれているように、貴重な体験の渦中にあり、自分たちの生涯をおおいに豊かにしてくれるものと確信しています。
手紙はいずれも、アメリカで両親の帰国を待つ家族にあてて書かれたものであり、出版公表を想定したものではありません。

エヴリン・デューイ

ニューヨーク　一九二〇年一月五日

目次

中国からの手紙（一九一九年五月～八月）103

凡例

1. 〔 〕内は、訳者による注記あるいは補記。長くなる場合は文中に＊を付し、〔訳注〕として見開き頁の行末に掲載した。
2. 度量衡はヤード・ポンド法による原文を、メートル法に換算して表記した。華氏温度は摂氏に換算した。
3. 適宜改行を施した。

日本からの手紙（一九一九年二月〜四月）

東京発　二月〔日付なし〕月曜日

仕掛けの大きな仮面舞踏会のにぎわいを見物したいなら、いまの東京に身を置けばよい。愉しいことの連続で、感じた通りのことを行動で表わすとなれば、屋根の天辺にのぼり、人々にこのショーを見に来るよう、あたりかまわず叫ぶことになるでしょう。

届いた衣料が日本人の体形に合わないとすれば、ベルギーに送るべきものが誤って日本に着いたと思うしかありません。でも奇妙に感じるのは形ばかりではなく、素材も同様です。

想像してごらんなさい。屋根裏部屋をくまなく引っかきまわして、流行遅れの色合いやデザインなどおかまいなしに、ありとあらゆる色彩、模様、大きさの衣類がかき集められ、それぞれの横には男物の帽子がたくさん置かれてある、という見たこともない光景。これらを身にまとって路上に出た途端、深いぬかるみに足をとられる、といったありさまです。

人力車をひく男たちが脚にぴったりのパッチをはき、裾にゲートルを巻きつけた姿には、品格が感じられます。靴下ではなく靴でもなく、いずれの機能も兼ね備えた綿布製のズボン姿の男たちは、ぬかるみの中を雪が降ろうが雨が降ろうが終日走りまわるかと思えば、客待ちで立ち尽くしたり、ステップに腰かけたりして、生き生きと日々を過ごしています。

大きな乳母車を思わせる人力車に乗ってみたい欲望と言葉が通じない不安との板ばさみになる

けれど、ひとりの男に引っ張りまわされる苦痛を思うと不安がまさってしまいます。人力車の車体は鉄製のばねのように柔軟そのもの、行き先が定まり次第、走り出します。私はまだ自動車にしか乗っていませんが、当地で自動車の数はごく限られています。

次から次へと絶えることのない愉しみに興奮させられて、へとへとになる感じ。

今朝のこと、ひとりの男が骨董品店から出てきて、お辞儀をする。

「奥様、失礼ですが、ドウェイ夫人ではありませんか？　新聞でお写真を拝見しました。当店に入って、骨董品をごらんになりませんか。お買い上げの品物は、喜んでホテルまでお届けします。奥様、客室の番号は？」

と言って、またお辞儀をする。

「いえ、それには及びません。いつも外出中ですから。また来て、見せていただきますね」

「ありがとうございます。奥様、ぜひそうしてください、すばらしい骨董品がたくさんありますから」

またお辞儀をして、「では、さようなら」

街路の光景は、まるで過去の世界から飛び出したタンスの中を見せつけられるようなもの。もちろん、東京は日本の近代都市であり、古代の都市にはいずれお目にかかることになるでしょう。貧しい人々の姿に接した際の感想を伝えておきましょう。鼻水を拭いたことがないような十三歳前後の子供の姿。（イタリアよりも目立つ）こうした光景を見た直後に、色鮮やかな花柄の木綿製か羊毛製の着物、あるいはちょっと変わった感じの茶色の格子模様の着物を次々と目にする。後者には詰め綿がしてあり、ゆったりとした大きさで、腰の辺りに巻きつける。赤ん坊はこの着物をかけられ、背中に負われる。黒々した前髪や、縮れ毛の赤ん坊の小さな頭が突き出て、鼻水はハンカチで拭かれることもない。未熟な赤子がこんな状態に置かれている場面に私が出会ったら、おろおろして声にはならない悲痛な叫びを上げてしまいそう。お芝居を観てもこれほどハラハラさせられることはないでしょう。

私たちが日本の人々に物珍しげな視線を向けるのと同様に、彼らも好奇の目を投げかけてくる。大勢の外国人が訪れる国に住んでいる私たちなのに。困るのは、行きたい場所を自動車の運転手に伝えるすべがないこと、話しができない猿と同じです。

街路名を示す標識は見あたらない。英語での表記にはめったにお目にかかれない。道路はありとあらゆる方向にくねくね曲がって延びている。延々と続く道もあれば、すぐに行き止まりになったり、ぐるっと街をひとまわりする道もある。一本の大きな運河が東京の中心地を円で囲むように流れていて、数分おきに運河を渡っている感じ。そのたびに、さっき通ったばかりの道を進んでいるような錯覚に苦しめられる。

行きたい場所への道筋がわからなくなったら、外套を身にまとい、フェルトの中折れ帽をかぶった若い男性を見つけて、パパが「テイ・コ・ク・ホテル」と話しかける。ただし、身長差が大きい場合は敬遠することにして、帝国ホテルの方向を訊ねる。すると、その青年は向き直って、「帝国ホテル、行きたいですか?」と聞き返してくる。

「そうです」ふたりで声をそろえて答えると、「あちらの大きな建物、それです」

私たちの足元に視線を向ける下駄ばきや草履姿の人々に囲まれながら歩いていくと、ようやく、古びて飾り気のない建物にたどりつく。フィフスアヴェニュー・ホテル並みの料金を払って宿泊し、夕食にはコンソメスープが出される宿泊場所。

旧いフランス様式のホテルなので、サービスは文句なし。接客の責任者にいたっては、まるで機械仕掛けのように丁寧な応対ぶり。宿泊客への注意を怠らず、ロビーだけでなくどこで会ってもお辞儀をされ、なにか滑稽な感じさえすることもある。

商店はわが家の寝室と同じくらいの広さでゆとりがあり、畳に上がる時には靴を脱がなければなりません。外国の書籍を売る店以外は、まだ入ることができずにいます。というのも、こちらの服装が汚れていたり、絹の靴下を買い替えたくても靴紐をほどくだけの時間的余裕がないからです。買い物に出かける前に、しゃれたストライプ柄の靴下を手に入れなくてはいけません。試しに下駄をはいてみたい思いに駆られています。

二月十一日　火曜日（東京発）

今日は祝日〔紀元節〕で、銀行は休み。普通選挙権と民主化についての議論が交わされる集会に参加する予定です。天皇the Emperorは体調がすぐれず、記念式典には来られないらしい。私たちの知るかぎり、他の事柄と同様、天皇の健康状態についても侍従や女官による手配は万全のようです。

次から次へと興味ある体験が続き印象的なことばかりで、記録にとどめようとしても追いつかないありさま。昨日の午前中は散歩、午後は自動車で案内されましたが、うわべだけにせよ第一印象が深まっていく。大学のそばを通ったり、将軍の墓がある〔上野〕公園を見たりしました。車の窓越しに眺めた墓地の光景はすばらしかった。明日は園内の博物館を見学できるかも知れません。石灯篭の連なりも印象深く、想像の域を超えるほど。夜になると、何百という灯篭に火がともされ、このうえなく幻想的な光景が現出するようです。

日本人が自分たちの歴史に関心をもっていないという見方は正しくありません。少なくとも、高等教育を受けた人々の関心が高いのは、他の国々と同じ。ある友人から教えられたが、茶道への関心が復活しているらしい。詳しくは聞いていないが、ある場所に案内する準備を進めてくれている。彼の話から想像すると、豪華な晩餐がふるまわれ、旧き日本の風情ばかりでなく、新しい時代の豊かさに触れることができそうです。
ある資産家が最近、茶会に使う年代物の中国製の茶碗に十六万円を投じて手に入れた話を、その友人が聞かせてくれました。およそ八万ドル。その蒐集家はさまざまな茶会用の道具を保有し、百万ドル相当のものも珍しくないらしい。黒色に仕上げられた陶磁器の特別な茶碗には、明るい色合いの装飾がほどこされているという。柑橘類の木に接ぎ木された茶の枝から採れる中国産の茶葉のことも教わりました。中国人大使からもらった茶葉が多少手元にあるというから、いつか味わえるものと愉しみにしています。

このホテルの支配人はロンドンのウォルドーフホテルで顧客への接し方を修得して帰国したばかりの人物、とあなたたちが知ったら興味をひくでしょうね。
パパに提示された両替レートはこのホテルが繁栄している指標となるようで、いまも増築をしている最中です。日本で最高級のホテルですが、部屋数は六十室を少しこえる程度です。

これまでのところ、なんの問題も生じていません。地方に移動する予定の四月初めまで私は、東京での講演にかかりっきりのはず。気候は冬の好天続きが予想され、快適とは言えないけれど寒すぎることはありません。ヤシの木が降雪に耐えられるかどうか知りませんが、日本には、凍結や冬の寒さに耐える独特な亜熱帯植生が発達しているようです。

今後かなり忙しくなるのは確実で、数週間、ママは私以上にあちらこちらの観光に励むことでしょう。観光見物は言葉に表わせないほど魅力的で、いずれも本や写真で見たことはあるものの、現実の質感といい、大きなスケールといい、実際に見るとまったく別物です――あれやこれやの例を挙げていたらきりがありません。

東京発　二月十三日　木曜日

今日、初めてふたりだけの気ままなショッピングを愉しみました。当地で耳にする英語の量といい質といい驚きを禁じ得ません。大きなデパートなら、アメリカと同じような気楽さで買い物ができます――顧客への気配りはむしろ上まわっているほど。靴にかぶせる袋状のものをいただいたが、シカゴでぬかるみになる季節にはおおいに役立ちそうです。昨日は頂点に達した感のある社交と歓待の嵐で、今日の午後は小休止といったところ。日記を見ながら書くことにしよう。

朝食がまだ終わらないうちに――開始時間はきまって八時――呼び出しがかかりました。それから、紳士ふたりに車で大学に案内され、学長を再訪問。伝統的な学派に属する人物で、多分、儒教学者だろう。ママも、車のなかで待たされるのではなく、一緒に招き入れられて喜んだが、私が思うに、学長は私よりもママの訪問に大変ご満悦で、お世辞を何度も口にしていました。

その後、先ほど触れたデパートに。大勢の買い物客でにぎわっているのは、定価が表示されてはいるものの、同じ商品をもっと安く売っている店を見つけた場合には謝金がもらえるし、品質面も誇大表示がないからです。日本の衣料、装飾品、玩具などについて知識を得るのは容易なことで、国内各地から観光目的で東京に来ている人々の様子を観察すればよい。地方から来た人々を指す呼び名は、「赤ゲット」。というのは、寒い冬にオーバーコートを着るのではなく、赤い毛布を身にまとっているからです。夜は、寝具にもなる重宝なもの。

三月初旬の行事だというのに、女の子のお祝い〔雛祭り〕に飾る品々が、はやくも展示販売されています。桃の節句といわれ、伝統的な衣装をまとった王様、女王、侍従、女官などの人形が並んだ様子は大変興味深く、風雅を感じさせます。私たちが見たことのないような人形の使い方。

デパートで昼食。ごく普通の日本食が大変おいしく、箸でいただいた。一旦、ホテルに戻り、午後二時に友人が迎えに来て、渋沢〔栄一〕男爵の邸宅に案内された。恐らく、君たちのように日本の内情に不案内な外国人でも、この人物が何者かは耳に届いていることだろう。でも、年齢が八十三歳〔実際は満七十八歳〕と聞いたら驚くに違いない。赤ん坊のような肌をしていて、精神的な活力がみなぎっていることが会話の端々に現われる。二、三年前に実業の世界から身を引き、慈善事業と人道的な活動に献身して、アメリカの大富豪にはあまり見られない道を歩んでいる。

義援活動に熱心なうえに、知的好奇心・倫理的関心が非常に旺盛な人物です。

三十分以上にわたって自らの人生観を語り（彼は純然たる儒学信奉者だが、盲信しているわけではない）、自分の試みを説明してくれたが、単なる救済事業ではないことを強調していました。伝統を重んじる儒教が示す道徳的規範を、現代の経済状況に適合させることを望んでいます。本質的には封建的経済関係の倫理観であることは、君たちも考える通りだが、現代の工場経営者にあっても雇用労働者への古き家父長的対応をつらぬくことで階級闘争は未然に防げる、と男爵は考えているのです。こうした考え方は、アメリカと同様に、日本の急進派から一笑に付されているが、私が思うに、社会進歩に関するマルクス主義の理論に一撃を加え、それに代わる別の考え方を示すことができるなら、評価されてしかるべきでしょう。

いずれの報告書を見ても、日本では労資関係の問題はまだ表面化していないとはいえ、戦争によって蓄積された巨大な資産と労働者の富の増大によって変化が始まっていることが指摘されています。現在のところ、労働組合の結成は認められていませんが、政府としては奨励しないものの、いずれ禁止は解かれるであろうとの見解を表明しています。

元の話に戻ろう。別の友人から帝国劇場での芝居見物に誘われました。この劇場の観覧席はヨーロッパ式のもの。建物は大きくて見ばえもよく、西洋諸国の首都にある劇場にひけをとらないし、ニューヨークの劇場建築のように装飾過多でもない。夕刻の四時に開演し、一時間半の食事休憩をはさんで、十時まで続きます。一般的に日本の劇場は朝の十一時に開演し、終わりは夜の十時、弁当を持参する。腰かける椅子はないのが普通で、床に座ります。

上演された演目で、図抜けて面白かったのは古典劇を脚色したもの。多かれ少なかれ、忠実な一徹者にまつわる主題が多く、登場人物は数世紀前の田舎の農夫。逆にあまり興味をひかないのが、社会問題を扱った近代劇の類——たいていは現代的な哲学的議論が展開される。自己表現や芸歴を表現する権利が主張され格言が発せられるが、日本の観客にも劇的な効果をおよぼしていないように思えます。

日本の観客が鋭い知性の持ち主であることは確かで、専門知識においてもパリ市民にひけをとらず、アメリカの観客ではとてもおよばない細心の注意が演技の出来に向けられます。かなり高度な水準に達した演技術の真価は、演劇的というより道徳的感情を盛りこんだ演目においてより一層発揮されます。とはいえ、古来の物語や伝承にもとづく古典劇でこそ、感傷的な通俗さを含め、演劇の醍醐味が味わえます。行政の支援があると思われる西欧的な演劇に比べて、伝統劇を上演する劇場はかなり質の高い俳優を多く抱えていることを日本の人々はよく口にします。

帝国劇場の舞台際の特等席の料金は一ドル五十セント。終日、床に座りこんで鑑賞する席よりも高い。この劇場でも喝采の声はあがらず、幕が下りるときに一度か二度、まばらな拍手が聞かれるだけでした。日本の劇場には、場面転換に使う装置として回り舞台が設置されていますが、鉄道の転車台によく似たものです。

まあ、昨日はこんな一日でした。この他に、ふたりの紳士を夕食に招待していたのですが、このことを友人たちに伝えると、「日を改めて来るように電話したほうが良い」とのこと。日本的な礼儀作法のようで助言に従ったのですが、当日になって断わりの電話をしたのは心残りでした。今日は比較的穏やかに過ごしました。来訪者は日本人が四名、アメリカ人が二名。ふたり連れの日本人のひとりは女性で女子大の学長、もう一人は大学の教員でした。その若い女性教員は裕福な貴族の家系の出身ですが、かなり現代的な性格の持ち主のように思われました。

君たちに伝えておくが、日本人に会ったら誰であろうと挨拶を欠かさないこと、そのうえで、なにか役に立つことがないか訊ねるようにしなさい。私としては、日本で恩恵にあずかったさまざまな親切や思いやりに少しでもお返しができるよう、残された人生のなかで努めていくつもりです。

こうして君たちに読んでもらうために手紙を書いているが、書きながら考えをまとめること自体に興味が向いているような気もします。読んで知るよりも実際に体験するほうが面白いことは言うまでもありませんが、手紙は捨てずに残しておいてください。私たちふたりが歳をとって、オデュッセウスにも似た精神的探求の旅を終えたときに読み返し、過去の記憶を再現したいから――人々がたいそう親切にしてくれるので、自分たちが偉い人物にでもなったような錯覚が起き、風変わりで魔法のように人を魅惑する国にいる感覚が混然一体となって感じられた日々を再現したくなるはずだから。

日本人が寄り集まると陽気でにぎやかなことには、驚きを覚えるばかり。古い歴史を背景に、人口過密な国に成長した現状があり、そうしたなかで仏教と禁欲的な宿命論を内に秘めた陽気さが育まれてきたことを実感します。

日本を新興国とみなすような愚を犯してはならないし、古代文化に触れるには中国やインドに行くべきだと口にする連中は信用しないことです。そんな見解は皮相なもので、本質をとらえていません。

誕生と死を、樹木の葉の茂りと落葉にたとえる国、個人と木の葉に同じ重みをもたせる国は、古い歴史に支えられており、旧世界と新世界の違いは相対的なものに過ぎません。両者とも、なにがしかの絶対的存在に近接しているのです。

外で警笛を鳴らす音が聞こえたので、ママは銀行員が来たと思いこみ、私がボーイにベルを鳴らして、部屋に案内するように伝えた――ところがひどい勘違いで、路上で蕎麦を売る行商人が発した音でした。

東京発　二月〔日付なし〕

日本の地に上陸してから今日で一週間。

樹々の若芽がふくらみ始めた美しい庭園が広がる小高い丘に立ちました。もうじき梅の花が開き、三月には、背の高い木に咲く椿の花も見られることでしょう。遠くには、前景をなす山々の上にすばらしい形の富士山が見え、大都会の広がりも一望できます。私たちが立つ丘の麓には運河が流れ、岸辺は桜並木の小道になっています。名高い桜の名所ですが、数年前の嵐で被害があったとのこと。

私たち専用にすてきな住宅の一室が開放されているのですが、*壁のほぼ全面がガラス窓。たいそう大きな寝室と小ぶりの化粧室の他に、窓から陽光が差しこむ書斎があります。木炭を燃やす火鉢が足元を暖めてくれるし、洗い髪を乾かすにも不思議なほど効果的ですが、やはり日光にはおよびません。周囲には、近年の日本研究から生まれた書物がどっさり置かれてあり、退屈する暇もありません。

とても大きな建物で、丘の上に建つ別の建物に接していて、二棟の間をつなぐいくつかの部屋には美術品が展示されているので、いつか写真を撮ろうと思います。この建物の行き止まりにある部屋は、家主であるX氏**の蔵書が置かれた図書室になっていて、その端には茶室があります。

でも氏は、百万ドルを投じて茶会の道具一式を手に入れるような新興成金ではありません。この話題を口にした氏は、笑いを浮かべていました。でも部屋には、驚くほどの光を放つ金色の漆塗りの卓があったり、古めかしい家具がいくつも置かれたりしています。家族代々伝えられたきわめて貴重なもののようです。

私たちが朝食をとる光景を、あなたたちに見せたいものです。おていさんと呼ばれるメイドさんが、陽の差しこむ客間で面倒を見てくれます。まず、はじめに果物。小さな漆塗りの卓がふたつ用意され、好きな場所に座るとすぐに差し出されます。食器類の選択や給仕は当方の流儀にあわせてくれます。すてきな年代ものの広東製の青磁器や日本製の食器の数々。果物の次は、火鉢の木炭で焼いたトースト。メイドさんが二本の鉄の箸をパンに刺して焼き、卓にのせてくれるのです。

その合い間を縫うように、おていさんから日本語を教わり、私は英語を手ほどきする。もともと英語の心得が多少あり、私たちの会話にもクスクス笑って反応することがあります。トーストをお皿に置くと、彼女は姿を消す。サイドテーブルにコーヒーポットがあるが、茶碗が見当たら

〔訳注〕

＊　デューイ来日に尽力したひとりである新渡戸稲造の邸宅（現・文京区小日向）の一部が、夫妻の宿舎として提供され、東京滞在中の多くをここで過ごした。

＊＊　新渡戸稲造（一八六二－一九三三）を指す。

ない。流儀の違いかも知れないが、茶碗を忘れているのではと気をもんでいると、おていさんが茶碗を持ってきて、コーヒーを注いでくれる。また姿を消すと、今度はすてきな青磁の皿にのせたスクランブルエッグを出してくれる。クスクス笑って、いままで耳にしたこともないような静かな声で話しかけながら、鉄の箸に刺して程よく焼けたトーストを手渡してくれる。床がきれいに掃除されているので、仮にトーストを落としても心配ないと私が口にすると、表情を崩して笑う。すると広い寝室の方に姿を消し、ガスヒーターにのせてあるコーヒーポットを手に現われる。こうしたことのすべてが、効率性やら時間と労力の節減といった観念とは程遠く、愛らしい遊戯のように展開されるのです。

メイドさんふたりでベッドメイクをした後、床掃除にかかりますが、ひとりが長椅子の端を持ちあげると、もうひとりがその下をさっとひと拭きするといった具合。笑みを浮かべてお辞儀をし、私たちの動作ひとつひとつに興味を示しながら、まるで親しい友人に接しているかのようなふるまいです。

そこに、邸宅の管理人が何度もお辞儀をしながら入って来て、一音一音区切りながらゆっくりとした発音で、市内観光に同行していろいろと説明をしたい、英語も教えてほしいと言う。教会に行きますかと訊ねると、クリスチャンではないと答える。その言い方がとてもおかしく聞こえた様子を想像してごらんなさい。管理人の女性はX氏の秘書で、彼が学長をつとめる新設のキリスト教系大学*の学生でもある。

彼女は部屋に残ったまま、私たちの朝食を見守り、私たちの会話を聞きとってはくり返すように発音する。英語を相当理解し、読み書きは得意だけれど、日常の会話となるとおかしな具合になる。私が力を入れて教えているのは、口を大きく開けて話すことと、日本人女性が日本語を話す際の上品なささやき声をやめさせることのふたつ。

昨日、この邸宅から歩いて行ける距離にある女子大学を訪れました。校長の成瀬氏**は癌を患い、重篤な状態にあります。病床に伏しているものの、会話はごく普通にできます。氏は、学生たちに辞任演説を行い、教職員向けの講話でも別れの言葉を口にして、後継者には、校長代理をつとめている学部長を指名しました。この女子大学には、生け花、長刀《なぎなた》、伝統的な礼儀作法などの教科があり、学寮長はすてきな女性です。なにか見学したいことがあれば、いつでも応じてくれるとのことでした。

午後、ふたりの女性をまじえた来訪者の一団がありました。女性の来客はめったにありません。そのひとりはR博士。日本で十五年間開業している整骨医で、私たちが世話になっているX氏の旧友です。もう一人はT嬢、アメリカに七年滞在して帰国したばかりとのこと。スタンフォードで

〔訳注〕　＊　前年の一九一八年に創立された東京女子大学を指す。
＊＊　成瀬仁蔵（一八五八－一九一九）　カトリックの伝道に従事しながら、女子教育の発展に貢献し、一九〇〇年に日本女子大学校を設立した。

彼女については多くを聞かされており、数通の手紙も預かってきました。女子大で社会学の教授職に就いているのですが、彼女によれば、大学当局が社会学の講義は時期尚早と懸念していることから、英語教育から始めて、徐々に授業の中に社会学を取り入れようと目論んでいるようです。

人間的な魅力に富む女性で、家族と離れて寂しい思いをしている私を芝居見物に案内するようX氏から言われたのです。帝国劇場は男爵用の特等席で体験済みなので、歌舞伎座に行くことが決まり、念願だった日本の伝統演劇を床に座って鑑賞する運びとなりました。朝の十一時に始まり、終わりが夜の十時ということです。

二月二十二日

昨日は、観劇の一日でした。

午後一時に始まって、終わりが九時。特等席にはお茶と軽食が用意され、幕間には本格的な食事も出ます。程度の差はあれ近代的な劇場よりも、伝統的な日本式の劇場のほうが、私たちには好ましい感じです。渋沢男爵からは特等席をひとつ提供され——ふた席というべきか——、男爵の姪ともうひとりの親戚の他、ふたりの青年が邸宅から同行しました。

劇の内容についてはともかく、次の二点だけを書き記します。ひとつは、日本の歴史と伝統を学ぶ最適の方法は、通訳のできる人物と一緒に劇場に行くこと。ふたつめとして、芝居の内容自体は中世ヨーロッパ風のものと同様にわかりやすいが、衣装はかなり凝っていて、高価なものであること。舞台は、四十人のサムライが登場する場面もあって豪華絢爛そのもの、舞台衣装にもまがい物ではなく本物の高級品が使われています。

ママは観劇を続けたが、私のほうは夕方の四時半に帰一《きいつ》協会*Concordia Societyに赴く必要があった——正直なところ、最初は気が進まなかったが、私が不在の間、ママが寂しい思いをしないよう、男爵から特別席を提供する申し出があったのです！

協会の集まりにはおよそ二十五人の日本人・アメリカ人が参加し、私が一時間半ほど講演した後、隣接するレストランで夕食を共にしてから、一時間ほど懇談に興じました。

昨日の観劇は別として、今週最大の行事は女子大学への訪問でした——大々的な歓待があったわけではないものの、私たちが体験したことは想像を超えるものでした。大した距離ではなく、以前、通った道でもあるので、ふたりで朝早い時間に歩き出したのですが、あちこちのお店をひっきりなしに覗きこんでいるうちに、目的地への道順がわからなくなってしまった。いったん

〔訳注〕＊　一九一二年、成瀬仁蔵、姉崎正治、渋沢栄一などの主唱により宗教者の相互理解を深めることを目的として設立された団体（四二年に解散）。短期間だが、アメリカでも結成されている。

引き返すはめになり、到着がだいぶ遅れたが、午前中を付属の小学校と幼稚園で過ごしました。

　子供たち全員の明るい色合いの着物はみごとで、赤色系を主体にこのうえない鮮やかさ。教室の光景は、花々が咲き乱れた庭に小鳥がさえずっているようで愉しい限り。参観した授業はいずれも興味深く、とりわけクレヨンでのお絵描きは見ものでした。

　自由な教育方針が貫かれていて、子供たちは模倣や没個性を強いられることなく――適切な取り組みです――、これほど多種多様で画一性のない絵画や工作の授業は見たことがありません。質的にもアメリカの水準より高いことは言うまでもない。子供たちは規律に縛られなくても行儀正しく、愉しげにふるまって、来訪者がいてもお構いなし、立ってお辞儀などしないところが現代っ子そのもの。

　工作や絵画などにかなりの時間を割きながら、所定の学業をすべて消化し、六年間で千を超す漢字の読み書きを習得することを考えると、この学校の子どもたちがいかに勤勉な生徒かわかるでしょう。日本語特有のひらがな・カタカナの習得は言うまでもありません。

　校内の厨房で若い女性たちが調理した昼食を総勢十人でいただいたが、なんとおいしかったこと！　高級ホテルのリッツ顔負けの盛りつけで、ヨーロッパ風の献立と歓待ぶりでした。

　さらに、それからがすばらしいショーの連続。最初に生け花を、古流・現代流あわせて鑑賞した後、賓客を茶菓でもてなす伝統的な礼儀作法の数々、目上の人を訪問する際の作法などを見学できました。

琴――床にじかに置く十三弦のハープ――の演奏を聴かせていただきました。ふたりの少女と教師の合奏に続いて、教師の独奏。教師は盲目で、日本で最高の奏者とのこと。曲目は、年に一度しか演奏しないという「晒《さらし》」。〔川での木綿晒しを表現した曲〕驚くことに、川のさざなみや流れ落ちる滝の音、石に砕ける水の音、さらには女性が歌を口ずさみながら綿を打つ音が再現される。アメリカ音楽で春を表現する場合よりずっと巧みで、私の聴覚は日本の音階に向いているのかも知れません。

その後、茶室に案内されて茶の湯を見学し、実際にお茶もいただきました。ママは畳に正座したが、私は椅子席で失礼した。それが終わると、体育館に行き、女性が古武道の刀と槍の稽古に励む姿を見学した。教師は七十五歳の老婦人だが、身のこなしは猫のようにしなやかで敏捷、しかも、優雅さは若い女性にまさっている。身体の訓練と見なされがちな伝統的な礼儀と作法に深い敬意を抱くに至りました。あらゆる動作を意識的に制御しながら完璧にこなしている。子供たちが取り組む現代の体育は、こうした所作に比べると、なんとも物足らないように感じられます。

次に、庭園のなかにある学生寮に案内されました。質素な木造の日本家屋で、アメリカの女子学生の目には納屋に見えるかも知れないが、床のどこに座っても食事ができそうなくらいに清潔。南向きの窓は全面ガラス張りで日当たり良好。女子学生は床に座って、高さ五十センチ位の座卓で勉強に励んでいる。部屋にはベッドも椅子も置かれていません。

いくつかの部屋を見せてもらってから食堂に戻り、仏教の教えにかなう野菜主体のおいしい昼食をいただきました。すべてが小さな一枚の皿に盛られていて、その中にはデザートのお菓子もある。五品か六品の料理が見た目も美しく皿に盛られていて、最後に三種類のお茶が出ました。日本では丁寧な態度が当たり前のことになっているので、帰国後のことが思いやられます。つまり、私たちが礼儀正しくするあまり、君たちの目によそよそしく映ったり、あるいは、誰も行儀が良くないことに腹を立てるばかりで、君たちが目を疑ってしまうような事態が起こるのではないか心配です。

X氏が迎えに出してくれた車に乗せてもらい、氏の邸宅に帰りました。玄関に入ると、五人のメイドさんがほほえみとお辞儀で出迎えて、スリッパを出し、コートと帽子を受けとってくれる。送り迎えとも、ピクニックのお出かけのようなありさま。メイドさんたちは決まりきった仕事のなかに現われるちょっとした変化を愉しんでいるように思えます。人生のひとときを愉しみ、心の底からほほえんでいるのです。心にもない見せかけのものだとしたら、私がだまされていることになるが……。

まあ、今回の旅行に関する哲学的考察はすべて後日の愉しみにとっておこう。それに、めまぐるしい時間が続いて、じっくり考えている暇がない。多分、中国に行ってから、沸々とわいてくるに違いない。前回の手紙に書いたか忘れてしまったが、内務大臣が鉄道の一等席の定期券を発行してくれた。月毎に更新してもらえる。ある日本の友人が、ママにも同じものを提供できないか大臣に照会したところ、この特権は女性には適用できないと詫びてきたらしい。ということで、私だけが得をした感じだ。まだ使う機会がないが、その際にはちょっとした騒ぎになることだろう。

東京発　二月二十八日　金曜日

私のほうは、通りすがりの光景を目にするくらいで、大した観光はしていない。健康のために外出するときは、たいてい付き添いの人がいて、新しい通り道を案内してもらう。ある晩のこと、夕食をすませてから、近くのにぎやかな通りまで歩いていった。歩道どころか車道にまで売り物の本を置いている本屋さん、ちょっとした食べ物を売る車、人出でごったがえす路上と道路沿いの商店——興奮が渦巻くなか、三味線を抱えた付添人と一緒に芸者さんが小走りに移動する光景。

日本映画を観た後、あれやこれや覗きこんでから日本料理店に入った。食事を提供する店は、得意とする料理がはっきりわかれていて——そのとき入ったのは蕎麦屋だった。汁物の蕎麦、海老の揚げ物を添えた蕎麦、わかめを盛った冷たい蕎麦の三品を注文した。ふたり分の代金が、アメリカの通貨に換算すると二十七セント。ごく普通のお店だが、アメリカのレストランとは比較にならないほど清潔だ。

観た映画の筋立てはアメリカ映画よりも複雑なように思えたが、進行がゆっくりしていることは間違いない。というのも、舞台の引き幕の横に設置された小さな囲いの中にひと組の男女がいて、スクリーンに映る俳優の口の動きに合わせて会話を再現するのだが、どうしても発する言葉が多くなってしまう。乱闘騒ぎ、殺人事件、ならず者、虐待される少女、戦慄を催す自殺未遂など、案内人から耳元で説明されても、なにがなんだか理解できないでいるうちに終わってしまった。

日中の散歩はある寺院に向かうことが多いのだが、寺院そのものよりも来ている人々の様子が興味をひく。木々の配置が美しく、大聖堂に引けをとらない宗教的な静けさ。

日本の寺院参拝とイタリアのカトリック信仰の印象は驚くほど似ているが、純真で飾り気のないことにおいては日本のほうがやや優っている。人形や毛の長い犬、子供を祀った神社の風車《かざぐるま》、さらには麦藁を編んだ履物や子供たちのフォーマルな着物を見ると、心を動かされる。母親が髪の毛を切り、束にして捧げ物にする光景も時折目撃した。ユーモアとともに、感傷を誘われることがいろいろある。紙に願いごとを書いて紙つぶてにしたり、仏像に貼りつけたりする。予防策として金網で囲われた仏像も見かける。

街頭の光景にはずいぶん慣れてきて、どんなものを売っている店か見当がつくようになった。桶屋もあれば葬儀屋もある。路上で目にするものすべてに興味をひかれる。これまで見たなかで最も面白かったことを書き忘れていた。竹の釣竿のような長い棒で鳥を捕まえる見世物だ。いろいろな道具がそろえてあり、中扉のついた籠に鳥を追いこむという売り文句だが、成功例にはまだお目にかかっていない。

三月二日　日曜日の朝

今日は鎌倉に行く予定があり、朝からこの手紙を書いている。

ブロンズ製の巨大な仏像――高さ十五メートルほど――については君たちも聞いたことがあるだろうが、現地を訪ねる予定になっています。日本の仏教指導者のなかでも学識の高さで知られる高僧と面談する機会を、ある友人がつくってくれました。この人物は、仏教諸派のなかで最も哲学的な面を感じさせる禅宗に属している。質素な生活を信奉するなどストア学派の禁欲主義に通じる面があり、古き時代の武士階級に大きな影響をおよぼした宗派です。鎌倉は横浜を越えたところにあり、かつては幕府の所在地だったので、歴史に名を残す神社仏閣があちこちにあります。

昨日は、ある教員の団体に招かれて、通訳を横に初めて講演をしました。およそ五百人の聴衆のほとんどが小学校の教師ですが、なんと女性は五パーセント程度。夕刻は、英会話協会（ESS）の歓迎晩餐会に参加しました。会場にはアメリカ人の姿も見えたが、ほとんどが日本人。男女入り交じり、とてもなごやかな雰囲気でした。日本人の男女が自由で気楽に集える東京でも唯一の場という話を前もって聞かされていました。会長の話では、日本人が社交目的で集まる際には、遠慮がちで堅苦しい雰囲気になるものだが――少なくとも、ワインが行き渡るまでの間、さらに、日本語を話している限りでは――、英語で話し始めるとアメリカ在住時の習慣がよみがえり、緊張がほぐれてくるらしい。言葉の影響力に関連する興味深い哲学的な観察だ。

東京発　三月四日　火曜日

この国に根強い気取った態度に一向にお構いなく私たちがふるまっている様子を、あなたたちが目撃したらきっと驚くでしょうね。

日本流の社会的民主主義があるようですが、詳しいことはわかりません。いま日本中で民主主義が論議の的になっていますが、現行の統治形態への批判というより、代議制政体の意味合いで理解されているようです。しかし、選挙における代表制をさらに拡充する機運は感じられません。改善されるとしても、政策形成への影響力をもつ多額納税者を多く引きいれる程度のものでしょう。選挙権の拡大が現在の論議では大きな争点になっています。この論点と男子英才教育の拡大が、次期の国会議員には議論の分かれ目になることでしょう。日本で大戦中に多く輩出した新興富裕層の主導により、男性向けの職業訓練校が次々と新設されています。

四百四十人にのぼる留学生が多額の援助を受けて諸外国に派遣されていますが、そのなかに女性の名前はありません。新年度の歳出予算にも女性への言及はなく、予算割りの必要性さえ論じられていません。

話題をかえると、昨日はこんな過ごし方でした。よく知られる人形の祝宴〔雛祭り〕の当日にあたり、午前中は、ある幼い娘さんへの贈り物として持参した質素な外国製の人形に着せる服を、すべてアメリカ製の材料で作りました。これとは別に、アメリカ人の赤ちゃんのようでもあり東西混血にも見える、滑稽味を感じさせる人形があり、これに合わせた丈の長い服を作ろうと思っていたのですが、材料が不足し、布地などをそのまま差しあげる結果になってしまいました。

雛人形が並ぶ飾り棚を見せていただきました。なかには、母方の家系を通じて延々と伝えられた二百年も昔のものがありました。あれやこれや書き出すと長くなるので、〔雛祭りの〕行事に関する文献を探してみましょう。でも、実際のところ、人形を見た途端に熱中してしまう感じです。アメリカの人形とは違って生き生きとしているうえに、さまざまな形で現われる民族の生命全体を象徴する芸術作品です。少女たちは、人形にご満悦の様子でした。このことをわかっていたら、日本に来る前の贈答品選びに苦労せずにすんだはずでした。あなたたちが来日する際の土産《みやげ》は、お人形で決まりです。

午後は、日本でも有数のコレクションの観賞に招かれて行ったのですが、すばらしい体験でした。私が道に迷ってしまったのが原因で、帝国ホテルを四十五分遅れで出発した時には、ひどく落ちこんだ気分でした。この名高いコレクションの所有者は綿々と続く家系のうえ、夫人も〔江戸時代の〕大名の娘で、人形は由緒あるものばかり。人形の他にも、年代物の漆塗り、陶磁器、ガラスなど調度品のすばらしかったこと。人形用にも茶菓をのせた小さな皿が小形の卓に置かれている傍らに、私たち来客を床に座らせ、女主人やその家族がもてなしてくれました。お米で作ったどろりとした白酒をいただきましたが、すてきな小ぶりのデカンタから小さなグラスに注がれます。お互いの家族の健康を祝して乾杯しましたが、食べ物もおいしく、いい香りがしました。

ひと休みしてから、茶室に案内され、その後で、ゆったりとくつろげる洋室に通されましたが、そこにもたくさんのお菓子が並べられていました。お茶をいれた茶碗は、梅の花が咲く季節にあわせて、花柄模様の小皿にのせてありました。茶碗が片づけられると、香ばしい匂いのするチョコレートが盛られたカップが、椅子の高さに合う小卓にのせて出されました。

案内された洋館の外観は平凡なものでしたが、中に入ると大変居心地がよく、ビクトリア中期の様式でつくられていました。

男爵夫人が特製のお菓子を熱心にすすめてくれて、おなかが一杯になるほどいただきました。美しい桃色の葉の形をしたお菓子は、前年から保存されていた桜の葉に包まれて、いい匂いがするし、指に餅がつきません。さらに、一見チョコレートのような丸く小さなお菓子を三個、串に刺したものが出されました。先端のひとつをかじると、他のふたつもくっついたまま口に入ってしまいます。これだけでもちょっとした食事並み、栄養価もたっぷりです。これらのお菓子はすべて、豆をすりつぶし練ったものが材料で、アメリカの濃厚な焼き菓子《ペストリー》に似ています。

二回目の軽食を終えると、お別れの時間になり、男爵夫人と三人の娘さん、夫人の姉妹などが玄関先まで見送ってくれました。車が走り出してからも、執事たちや愛想の良いご婦人方が声をそろえて「さよなら」を言いながら、お辞儀をくりかえす姿が見えました。華やかな色合いと絵柄の着物を身にまとう娘さんたちは、古くからの庭園にふんだんに咲き乱れる花のようでした。

拝見した庭園のすばらしさは表現する言葉が見つかりません。訪れる前にいろいろと想像をめぐらせましたが、現実はまったく別次元のものでした。広々とした庭ですが、この季節は草が枯れていています。落ちた松葉が分厚い絨毯のように草地を覆っていて、その絨毯の外縁にそって張られた藁縄が優美な曲線を描いています。とりわけ驚かされるのが大きな岩の使い方です。長い歳月を風雨にさらされて変色し、灰色と青みがかった色調が混じりあった岩の背景に灌木が生えています。その地味な素朴さは何世紀もの間、ありとあらゆる材料を試みた末に初めて到達しうる第一級の美に他なりません。

その後、M教授宅の夕食会に赴きました。お子さんが六人いて、長男は二十五歳前後、帝国大学を卒業後、政府職員として工場検査官をつとめておられる。なんと八か国語を話し、そのひとつが趣味として愉しむエスペラント語とのこと。子供さんのなかにはフランス語の教授がふたりいて、ともに利発そうで明るい性格の方でした。フランス語でいろいろ話を聞かせてくれたけれど、私たちよりずっと発音が優れていました。しかも、日本から出たことがないという話でした。

食事が終わると、少女ふたりとひとりの少年が姿を現わし、床に座って可愛いお辞儀をしてから、座卓に向かって座り、夜がふけるまで碁石の五目並べで遊んでいました。貝殻で作った碁石を使うゲームで日本では誰もが知っています。数字の五と同じ発音の碁の石を五つ並べるゲームですが、三百六十四個《ママ》の石を使って、チェスより升目の多い盤で遊ぶという程度の説明しかできません。

食べ物や飲み物が次から次へと出されて、お別れを告げたときには十一時近くになっていました。日本の家庭にはたくさんのおいしい飲み物が用意されていて、アメリカとは比べものになりません。アメリカで最上級のものに比べたら味は劣ると思うけれど、ノンアルコール飲料の種類の多さではかないません。その他に、ワインを二種類いただきました。

記憶を頼りに、晩餐のメニューを再現してみます。それぞれの皿に献立一覧表が置かれてあり、外国人客の持ち帰り用と思ったけれど忘れてしまいました。

スープ、二種類のパン、バター。魚のパイ焼き、野菜を添えた骨付きの焼き鳥、西洋のものとは違う日本製マカロニの陶板焼。その次に、柔らかいフィレ肉のローストビーフ、添え物にボール状のじゃがいも、豆、もうひとつ思い出せない野菜があって、肉汁ソースがかけられたもの、そしてサラダ。オレンジのシードル酒に続いて白と赤のワイン。デザートには、プリンとケーキ、さらに庭で摘んだ苺にホイップクリームをかけたもの。温室栽培の苺は、列状に並べた石の間に育つようですが、詳しいことはわかりません。葡萄の木は、丈の低いアーチ状の竹垣がつくられて地面の石に触れないようにしてあります。最後に西洋にならって、おいしいコーヒー。

晩餐を終えると、洋式の応接間から、二階の大広間の和室に移動しました。暖かい火鉢のそばに座ると、子供さんたちも加わり、すぐにお茶が用意されました。帰り仕度を始めると、甘いオレンジジュースと瓶詰めの水を飲むようにすすめられましたが、そのおいしい水は自然の湧き水とのことでした。

外国人の来客が畳に座るのに苦労する様子を見て日本人が面白がると聞いても、あなたたちにはなんのことか理解できないでしょうね。私は不格好でもなんとか座れるけれど、パパはどうやっても無理。この日曜日には、日本で最も名の知られる僧侶が臨席して二時間座る場面があったのですが、私たちふたりで、もじもじと体をくねらせた挙句、足がしびれてしまう様子を想像してください。私たちが使ったやわらかい座布団を敷いても、あなたたちには数分が精一杯でしょう。ちゃんと立ち上がるのは、とても大変なこと。

東京発　三月四日　火曜日〔同日二通目〕

〔一昨日〕友人たちが鎌倉を案内してくれました。案内書を読んで興味がわくものでもないし、手紙であれこれ書いても、君たちの興味をひくとは思えません。七百年以上も昔のこと、最初の将軍がこの地に拠点を定め、政権の所在地としたのですが、いまはいくつかの仏教寺院が残っているだけです。

向かう列車のなかで日本文学専攻の大学教授に出会いました。教授は歌人でもあった将軍〔源実朝〕の七百年忌に参加し、将軍が詠んだ歌について講演する目的で鎌倉に向かうとのことでした。教師に引率された七百人の学童たちが、日曜の史跡見学に来ている場面にも遭遇しました。軍神を祀った大寺院のひとつが博物館になっていて、古い刀剣や仮面などを鑑賞してから、友人に案内されて、禅宗の管長をお訪ねしました。* およそ二時間、通訳を介して、仏教とりわけ禅宗に関する疑問について、興味深い話を聞くことができました。

その後、美しい日本的な空間に案内され、床の間に飾られた美しい掛物 kakemono ——巻物のことで、着物 kimono ではない——や真珠貝をはめこんだ金属製の五脚の小卓などを観てまわりました。部屋の天井板に青や金の色彩で華麗に描かれた菊の花はたとえようもない美しさで、五枚の座布団がいつでも休めるように用意され、部屋の隅には管長専用の座布団が置かれています。五分ほどすると、絹扉が開けられ、銅色の豪華ではあるものの飾りのない優美な長い僧服をまとって、管長が姿を現わしました。お茶とスポンジケーキが出されて、講話が始まりました。

余談として書いておくと、床に座る従者たちがお辞儀をしてひざまずく姿はごく自然で、こびへつらいを少しも感じさせません。その場にいる全員が床に座りますが、従者たちは物を手渡しする場合もひざまずいたままの姿勢。管長の人柄は学者を思わせるもので、苦行僧のようでもあるが、厳格さが過度におよぶことはありません。アメリカのヒンズー教賢者に時折見かける口先のうまさを少しも感じさせず、とても魅力的です。

お別れの際、私たちの訪問に謝意を表し、親しく接することができておおいに満足している旨を表明されました。深い精神性を感じさせる話しぶりですが、かなり難解でとらえどころのない面もあり、ロイス＊＊を連想させる人物です。

最高の学識で知られ、日本の仏教界を代表する存在である管長と接することができたのは貴重な体験でした。以前から言っているように、自分自身で見聞することは、文章で読むこととまったく次元が違うもの。一面ではロイスより現代性があり、その言によれば、神とは人間に内在する倫理的極致であり、人間が成長するにつれて、神の原理も同様に進化するという。

高さ十五メートルに近い巨大なブロンズ製の仏陀像を鑑賞しました。日本で目にした最も著名な造形物であり、君たちにもぜひ見てもらいたいもののひとつ。大聖堂にも匹敵する印象が残ります。

ある晩餐の催しに呼ばれたときのことを書きます。招待してくれた主宰者は、万能の天才のご

〔訳注〕　＊　釈宗演（一八五九－一九一九）　臨済宗円覚寺派の管長。アメリカに滞在し、ＺＥＮの普及に努めた。

＊＊　ジョサイア・ロイス（一八五五－一九一六）　アメリカの倫理学者・哲学者。

とき人物――貴族院議員、教育界の権威、蘭の愛好家、画家、その他。内閣の閣僚ふたりを含めて二十人余りが食卓につき、簡単な紹介を受けた後で、私たち夫妻の健康を祝したシャンパンによる乾杯があった。伯爵夫人は八人の子供の母親で、三十歳前後に見えたが、年齢の割には可愛いらしい顔立ちの女性だ。幼い年頃の娘さんが三、四人いて晩餐の始まる前から、そして終わった後も食卓の周辺を動きまわっていたが、いかにも新世代の少女らしく、おおらかで自然なふるまいでした。後天的な特質と思われるものも、日本では遺伝性の親譲りであることは間違いない。というのも活発でのびのびしている子供たちも礼儀正しく、育ちの良さが認められる。いずれにせよ、日本人は世界中で最も礼儀正しい人々であり、おそらく高度の教養を有する人々でもある。この少女たちが過酷な運命にさらされ、生活環境が一変するような事態になったら一体どうなるのだろう、ママに聞いてみたが答えはありませんでした。

成瀬〔仁蔵〕校長が今朝、亡くなった。癌を患っていて、病床生活が長引かなかったのが、せめての救い。日本で最も傑出した人物のひとりだった。亡くなる二日前に、皇后が彼の創立した学校に五千ドルを寄付した――巨大な額で、女子教育の促進に寄与することだろう。

私たちがごちそうになった伯爵家に再度言及するなら、見せていただいた雛人形のなかに、皇族の王女たちから伯爵夫人に贈られたものが含まれていた事実を考えると、その血筋の高さが君たちにも理解できるだろう。雛人形は手にして遊ぶものではなく、歴史的な美術品として鑑賞の対象とするものだ。幼い子供さんたちが、自分たちの持っているアメリカ人形から十体ほど取り出してきて、ママに見せていた。

三月五日

いまのところ講演の予定が三件ある。日本人は勤勉な民族で、聴衆の数も多く、五百人位は集まる。顔に見覚えのある人が増えてきた。講演の準備から二、三週間解放されるなら、いろいろと考察する仕事に取りかかれるのだが、実際には、いくつかの印象が積み重なるだけになりそうな気配。

大きな変化が日本社会に生まれつつあることは疑いない。この変化が持続するかどうかは、世界の他地域の動向にかかっている。もし、平和的かつ民主主義的な公約が実行に移されないなら、いまもなお強大な力を有している保守的な官僚や軍国主義者が、私たちがかねて警告してきた通りのことを口にし、反動的な巻き返しが起きるだろう。だが、もし他の国々、特にアメリカが適切にふるまうなら、日本における民主化は着実かつ急速に進行することだろう。

東京発　三月十日　月曜日

昨日、初めて能の舞台を鑑賞した。朝の九時前に会場に着いたが、成瀬氏の葬儀に参加するために二時に会場を離れた。ママは三時頃まで残った後、ある学校での講演に向かった。能についてはママのほうが詳しく解説できると思うが、劇場は倉庫のようにがらんとした建物で――エリザベス朝様式の劇場に似ているが、舞台上の小道具は数本の松の低木と幕に大きく描かれた松の木の他は、豪華で値の張りそうな衣装と能面だけ。鑑賞力は学んで身につけるしかないが、さほど難しいものではない。とてつもない芸術性と技巧に縁のない外国人には、ひどく退屈なものに映るだろうが、知れば知るほど興味が増す。その魅力が完璧な技巧によるものかどうかはともかく、意識を統御する術《すべ》が日本の地に生まれ育ったことは間違いない。

成瀬氏は人々の心をしっかりとつかんでいたから、葬儀はおおいに衆目を集め、東京中の自動車や人力車が会場周辺に集結した感があった。弔辞が八人から十人ほど続き、なにも理解できない私にも印象深いものがあった。弔辞を述べる人は、花を盛られた棺に横たわる遺体に深々とお辞儀をしてから、参会者に向かってお辞儀をする――参会者全員がお辞儀を返す――その光景にも、品のある礼儀正しさが感じられる。献花の数はアメリカの葬儀よりも多いだろう。

午後は渋沢男爵邸にお邪魔して、お茶と晩餐をいただく予定だったが、男爵がインフルエンザをこじらせて肺炎になってしまった。

土曜日のことにもどるが——。歓迎会で愉しいひとときを過ごした。ミッション系の学校で教壇に立っている教育家のアメリカ人数人に出会ったが、いずれも知的で好感のもてる人たちだった。宣教師たちに対する批判的な見方には疑問を感じる。折しも、朝鮮では布教活動をめぐって騒動が起きているが、原因は朝鮮独立に向けての扇動にあり、ミッション系の学校を卒業した朝鮮の人たちに端を発しているらしい。日本にいる宣教師の見解はさまざまに分かれているようで、朝鮮の宣教師を非難する向きもあり、日本各地でのキリスト教の評判を落とすことになると主張している。またこれとは別に、キリスト教の教えがある程度まで浸透している証《あかし》であり、状況を改善する効果を発揮して、外国への布教に寄与すると主張する人たちもいる。文民統制を離れて軍の支配下にあるように思われる日本の植民地政策を修正させる力にもなるという主張である。

朝鮮の前皇帝*の死には不審な点があり、間近に迫っていた長男**と日本の皇女との結婚を延期あるいは中止させるための自殺ではないかという噂が流れている。こうした話が朝鮮の革命陣営を

〔訳注〕 * この年の一月に死去した大韓帝国・初代皇帝の高宗（在位一八九七〜一九〇五）。日本の圧力により退位させられ、長男の純宗に譲位した。

** 正確には四男の李垠。高宗を継いだ異母兄・純宗の皇太子。一九二〇年に梨本宮家方子と結婚した。北京発七月十七日付書簡に関連する記述がある。

鼓舞するために捏造されたものなのか、それとも真実をついているのか、誰も断言できない。一方、この結婚は実現の運びにあると観測する向きもあれば、日本人の多くは犠牲的に外国人と結婚させられる皇女に同情を寄せている、と言う人もいる。

木曜日の夕方、ママはX氏の夫人*など数人を招待し、私たちを含め総勢八人が日本料理店に集まって晩餐会を催した。牛肉料理の専門店で、私たちも畳に座り、箸でいただいた。薄く切られた生のステーキ肉がいい香りの野菜を添えて出され、ふたりで一台の木炭火鉢にのせた小さな鉄板で焼く。室内にいながら、ちょっとしたピクニック気分が味わえた。

そう言えば、金曜日に注目すべきことがあった。

午前中に帝国博物館〔現・東京国立博物館〕に行き、館長に案内していただいた――博物館の詳細については省略。帰り道に、喫煙具の店に連れて行ってもらい、ママは小型で女性用につくられている日本式のパイプ〔煙管《きせる》〕を二本、お土産に買った。気配りのきくママだ。店主は外国人に売るのは初めての経験だと言って、女性用の小さなポーチとパイプケースをおまけしてくれた。どちらもオランダの布製で、さほど高価なものではないと思うが多分、買った品物と同程度の金額で、利益が帳消しになったことは間違いない。こうした場面に立ち会うと胸が一杯になり、外国人に対する心からの思いやりが感じられて、あくどい商法の噂話を補ってあまりある。この店主も、外国人には骨董品の値段を高くするのがごく普通のこと、と口にしていた。

東京発　三月十四日　木曜日《ママ》

のどかなピクニックから帰ってきたばかり。ママは軽い風邪をひいてしまい、メイドさんが夕食を部屋に運んでくれたが、気をきかせて私の分まで一緒に持ってきてくれた。

ママが日本語会話便覧を手に、メイドさんに向けていろいろな言葉を発音してみせる。それを聞いて彼女たちが前かがみになってクスクス笑う様子には、劇場でもお目にかかれないユーモアを感じる。最後のひと口をいただくときに、私が食べ物の名前を訊ねると、答えに続けて、「サヨウナラ」――これでおしまい――と言う。この使い古されているらしいジョークは、ユーモアの極致。日本人は確かに陽気で気立ての良い人たちだ。

近くにある公立の学校から子供たちが出てくる光景を見ていても、ごく穏やかなものは別として、いじめやからかいを目撃したことがない。口げんかもないし、言い争いもほとんど見られない。些細なことにはくよくよしないたくましさが感じられ、甘やかされた育ち方はしていない。十歳から十二歳くらいの少年が鬼ごっこをして遊んだり、背中に別の少年を背負って溝を跳び越

〔訳注〕＊　メリー（日本名＝萬里）・エルキントン（一八五七－一九三八）。一八九一年、滞米中の新渡戸稲造と結婚した。

えたりする遊びは見ていても飽きない。

子供たちを人前で叱りつける怒鳴り声や意地悪い言葉は聞こえてこないし、少なくとも公衆の場では、平手打ちは言うまでもなく、口やかましい小言がくり返されることもない。子供たちが叱責されないのは態度の良さによるのだろうが、手のつけられない態度の悪さも考えてしかるべきと見る向きもあろう。だが、愛想の良さや陽気さ、そのうえ丁寧な礼儀作法を見る限り、その心配は無用だ。

こうした主張に、皮相なものの見方だと反論する外国人もいるが、私たちの判断基準に照らしてまったく説得力がないし、皮相な理解にも効用はあるものだ。ところが、日本人が言うには、自分たちの丁寧な態度は友人やなじみある人に向けてのもので、見知らぬ人には冷淡を決めこむわけではないが、注意を向けることはなく、わざわざ何かをしてあげる気にはならない、ということらしい。

以前、ママが喫煙具を買った際にプレゼントをくれた店主について書いたことがあったね。昨日、ふたりで近くに行ったのでママがその店に再度入り、別の買い物をして、先日のプレゼントのことが評判になっていると感謝をこめて伝えた。すると、店主が立ち上がり、なにやら使い古した感のある、俳優が舞台で使うような高価なポーチを手にして差し出した。当然のことだが、ママは遠慮して受けとらないようにしたが、駄目だった。自分はアメリカ人が大好きなのだ、と同行する友人を通じてママに説明する。国際的な信義にもかかわるので、ポーチをいただいたうえで、なにかお返しの品を差しあげようと思案中。日本で出会った幾人かのアメリカ人にこのことを話すと、聞いたことがない話だという答えが返ってくる。

今朝は、かねて見学を予定していた女性華族の学校〔学習院女学部〕に行くことになっていた。ママが風邪をひいて行けなくなったので、予定を変更できるかどうか、電話で聞いてもらった。午後になって、すてきな百合とアマリリスの花がママあてに届けられた――お目にかかったこともない人からの贈り物だ。フロイト派の精神分析家なら、こうした話題にふれる回数の多さから即座に、私の礼儀知らずの品行を推論するに違いない。

ある日本料理店で夕食をとった。魚料理の店で、自分たちで魚や野菜を焼くのだが、この店では炭でなく、ガスを使っていた。魚やロブスターをはじめ、付けあわせのお皿がたくさん出た。献立表を見て選ぶのではなく、店員さんが大きな盆にのせた食材をいろいろ見せて、そこから選び取るやり方。そのなかに貝殻に盛られた鮑《あわび》もあったが、アメリカの二枚貝と同じくらいの大きさで、身は柔らかだった。めったにお目にかからない蛸《たこ》の揚げ物もあったが、私は手を出さなかった。

話がだいぶ脱線してしまった。いつか機会があれば、箸を使って甲羅つきのロブスターを食べてごらんなさい。私と同様、思わず手を使ってしまうのではないかな。この料理店は決して高級な部類ではないが、魚にかける秘伝のたれが大評判。でも、かなり値段が張った――多分、たくさんの付けあわせを選んだからだろう。他の店なら五ドル出せば、八人連れでおいしく十分な量を食べられるはず。

東京発　三月十四日〔同日二通目〕

本格的な朝食を終えたところです。日々の暮らしを格調高いものにしている饗宴の数々を伝えることができず、ごめんなさい。メイドさんたちに助けられながら日本語を勉強しています。私立の幼稚園の雛祭りに行きそびれてしまったけれど、子供たちが描いた絵葉書と手作りのプレゼントがどっさり、今朝の郵便で届きました。人形をはじめ興味深いものばかりなので、留守宅に送ります。プレゼントにはこんな添え書きもありました。

「お菓子を作って、おふたりが来るのを待っていました。来なかったので、すごくがっかりしました。いつか来てくださいね」

やはり、世界でも類を見ない国と確信します。でも、日本語習得は絶望的な状態。入門書に書かれている通りに話そうとしながら、つかえてしまうたびにメイドさんはお腹を抱えて大笑い。

「女性らしくきちんと丁寧な言い方をしないといけません」と諭されると、お手上げです。

こうしたことが愉しい遊び《ゲーム》になり、延々と続く発語練習の緊張を和らげてくれます。彼女たちがすること、なすことのすべてが親切このうえなく、友情の証《あかし》に思えます。

今日の予定表を書き写すと――数人の宣教師を擁する修道院での昼食、午後三時半開始のパパの講演。シカゴ大学の卒業生たちとの夕食会。ママは明日、予定行事がなにもないので、かわいい秘書さんに買い物に連れて行ってもらいます。大きなデパートは流行の先端をいく場所で、高貴な身分の人たちやお金持ちが着物を買っている様子が見られます。私も古くなったものを買いかえるかも知れません。

京都に着いたら、外国の影響を受けている最近の布地とは一味違う昔の着物をこの目で見たいもの。Y氏と同行したある晩のこと、外見のすてきな骨董品店に入りました。老夫婦が店番をしていましたが、高貴な家系特有の丁寧さといい、店の中を自分の住まい同然に整頓している様子といい、士族出身者に違いないとY氏は言いました。

私は、九谷焼の古いお皿を一枚割ってしまい、その場で代金を訊ねたのですが、答えがありません。どうなることかと心配しましたが、何度もお辞儀を返されるばかりでした。店を出る際に、「迷惑をかけたままなにも買わず申し訳ありません」と言うと、「お目にかなうものがなくて、お許しください」という言葉が返ってきました。

明日は、近所にお住まいの大変聡明な大学教授の一家と昼食を共にする予定です。女性は参加せず、少なくとも既婚女性はひとりもいませんが、その理由のひとつが、英語での会話に自信がないこと。でも、私としては、最善の方法かどうかわかりませんが、その場その場にあわせて、堅苦しい形式にこだわらずふるまえるようになりました。

先週火曜日に出席した結婚式はキリスト教式でしたが、これまで見てきたなかで最も興味をひかれるものでした。一族は東京でも裕福な、身なりに気をつかう人たちで、女性は全員が黒のちりめんの着物姿。豪華な厚手の着物の下には、真っ白な絹織物、さらにその下には明るい色彩のものをまとっています。

K夫人は、鮮やかな朱色の着物でした。子持ちの母親である彼女の場合、両袖はあまり長くないのですが、若い娘さんたちは明るい色の着物姿で、袖は床に届きそうなくらい長いものでした。花嫁の着物も黒ですが、色鮮やかな飾りがほどこされ、裾の部分には刺繍縫いや染め柄があったりします。

花嫁の衣装は、昔の絵にあるように足元一面に広がり、薔薇色の牡丹の花の刺繍がほどこされていました。髪の毛は印刷物で見たことのある伝統的な形に結い上げられ、明るい色合いの鼈甲《べっこう》の櫛を刺しています。先端部に小さな花束が彫られている櫛は七、八センチほど突き出ていて、王冠のようにも見えます。

祝宴は以下のように進行します。

先頭に花婿の父、続いて花嫁の母、花婿、花嫁、花嫁の父、花婿の母。この順に、横一列に並んで、花嫁の姿はまったく昔の版画そのもの。花嫁も花婿も目は上げません。来賓が通るたびに、さきほどの列が一斉にお辞儀をしますが、手も動かさないし、視線も不動のまま。完璧な衣装は折り目ひとつ動きません。言い忘れたけれど、男性たちは残念ながらヨーロッパ・スタイルの洋服です。

その後、ふたつの大広間に移動します。男性は一方の部屋で全員が椅子に座り、煙草をふかしています。女性は別の部屋に通されますが、面識のある人が数人いて、とても親切にしてくれました。H伯爵夫人から花嫁に付き添う若い女性を紹介されましたが、家でお手伝いをしている女性のはず。部屋にいるのは、姉妹であったり、親戚の娘さんであったり、誰もが極上の着物を身につけ、たくさんの刺繍や装飾品で飾り立てています。オウムや孔雀、極楽鳥に青い鳥、どれもこれも想像の限りを尽くした美しい色彩の氾濫です。

一方、来賓はそれぞれの家系を表す純白の紋章をつけた黒の礼服で居並び、これまたみごとな光景です。アメリカでは、ありとあらゆる色合いや形や素材が混ざり合い乱雑な感じがしますが、まったく様子が違います。

テーブル席につくとすぐに、とてもおいしいお茶が出されます。部屋の奥に置かれた長いテーブルを囲んで両家の家族が座り、その真ん中に、緑色の鮮やかな着物に着替えた花嫁と花婿が五十センチほど席を離して座ります。

東京発　三月二十日　木曜日

今週は、たくさんの対外的行事があった。火曜の夕刻には、H将軍が兵器廠の庭園*で野外パーティを催してくれた。こうした機会でもなければ、立ち入ることのできない場所。その場には二十五名ほどの人たちが居合わせたが、キリスト教団体の方がほとんどで、その他には前の晩に会話したばかりの日本の教会の聖職者がいた。彼は、日本の民主主義の拡大に熱心に取り組んでいて、私からは民主主義が倫理的に意味するものについて話を向けた。

ところで、この庭園は公園と呼ぶべき空間で、皇居前広場を別として、東京都内でも有数の公園。日本式庭園というと小規模のものを頭に浮かべるが、まったく異なる。規模が比べようもなく大きく、ちゃちな模造品は皆無だが、大きな人工の仕掛けがあちらこちらにつくられている。昔の造園家が粋を凝らして仕上げたもので、よく知られた景観が規模を縮小して再現されている。

二百年前にこの庭園をつくらせた大名Daimyoは中国文化を愛好し、著名ないくつかの中国の景観を模したばかりでなく、京都の庭園も再現した。この限られた空間に再現された景観は、膨大な数におよぶ。〔ニューヨークの〕セントラルパークほどの空間があれば、アルプスの山々からアイルランドの海峡を吹きすさぶ嵐まで、世界中のありとあらゆる風景を出現させてしまうのではないか、とさえ思えてくる。

細部までことごとく表現して芸術的に造形され、小さな岩一つひとつにも固有の意味がこめられているが、無教養な人々にはとても理解がおよぶまい。すべてを理解するには、芸術家の傑作誕生の過程を追うように、研究を尽す必要があるだろう。

一方では、兵器廠の工場から出る有毒性の煙のために多くの古木が枯れてしまい、美観がかなり損なわれている。


多分、ママが以前の手紙に書いたことと思うが、ニューヨークへの留学を希望するひとりの若い日本人女性が、当時、私たちが宿泊場所にしていた客船を訪れたことがあった。今日は、別の女性が訪ねてきて、アメリカにもどりたいと話し始めた。私たちの帰国時に同行することを望む若い女性について、用心したほうがよいとY氏から言われた。かつて氏の母親がアメリカに向かう際に、付き添いを求められた少女が十七人もいて、そのうちの三人を引き受けたことがあったらしい。

アメリカへの留学が実質的に結婚をあきらめることを意味するという事実は、君たちには理解できないことだろう。帰国する頃には齢を重ねて婚期を逸してしまうという理屈だが――留学中

〔訳注〕＊ 水戸徳川家の江戸屋敷内に造園された後楽園を指す。明治政府が接収し、敷地の東側に軍需工場である東京砲兵工廠が建設された。

の本人たちも進んで結婚の準備を進めようとしないらしい。

昨日聴いた講演のなかで、日本在住のアメリカ人建築家との結婚を間近に控えている二十代後半の日本人女性のことに話がおよび、思わず聞き入った。例外的な事案はかならずあるものだが、この件は有名なロマンスになっている。

その講演というのは、神道の社会的側面に関するものだった。神道は祭儀として公認されてはいるものの、日本の国教ではない。科学的な裏づけのないことは口にすべきではないが——ただし、科学的にも正しいと私は考えている——、発言内容の公表を手控える警戒心は最も興味深いことのひとつである。帝国政府は神政政治の立場を守っているので神経をとがらせる問題であり、古文書への歴史的批評や解析は許されていない。祖先は神である、もしくは、神は祖先なのである。

官僚組織に身を置くある紳士が、神の祖先が自ら発した言葉の痕跡をどこかに残しているに違いないと確信して、古くからある神社を詳しく調査してまわった。思った通り、梁や桁の角材に残っている文字に、中国語とも日本語とも異なる特徴を発見した。その人物はこれらを書き写し、言語の原型として提示した——ところが、大工たちがこれを見て、職人仲間がよく使う符号と説明したことで、幕は閉じた。

鎌倉発　三月二十七日　木曜日

気まぐれな天候が客船シカゴを見舞っている。月曜の深夜は嵐のような雨だった。翌朝、目覚めると、これまで見たこともないほどに晴れ上がり、気温も高くなっていた。一日を観光にあてることにして、オーバーコートなしで外出すると、木蓮《もくれん》の花が満開だった。

昨日と今日は、寒々した三月の気候にもどってしまった。風が吹かなければ、昨夜は氷が張ったことだろう。日本で肺結核が蔓延しているのも、こうした気候の影響に違いない。

今朝、大学教授の三人が私を訪ねてきた。私たちの外出時の行動の一部始終を調整したがる人たちだ。いつまで鎌倉に滞在する予定なのか、二十回くらい訊かれたように思う。わからない、天気次第だが事のなりゆきにもよると答えると、「ああ、そうですか」と言い、五分後にはまた同じ問いを発する。あらかじめ自分たちでなにもかも細部に至るまで決めようとしているのか、それとも、私たちのことを頼りない外国人と考えているのか、よくわからない。中国に向けて出発するまでの日々、いつなにをするか確かな予定など決めようがないことが彼らには理解できないのだ。同じように、他人の予定変更など――とりわけ、対外的な計画の場合――私には知る由もないというのに。

日本では、反米機運が大きな高まりを見せている。大部分は新聞報道によるものと思われるが、この数か月で急速に信望の失墜した軍国主義的な党派によって恣意的に助長されている面がある。対照的にリベラルな感情が増大している事態への対応であり、失地回復にはなんらかの行動が必要と判断してのことだろう。

リベラルな感情の蔓延をくいとめ、軍国主義的な大政党を支持する議論を強化するには、対米批判は手っ取り早い方法であり、私たちの目には獅子が尾を振りまわすようなふるまいに映る。人種差別についての議論が非常に活発で、オーストラリアやカナダよりもまずアメリカに矛先が向けられる。中国人と朝鮮人の日本入国が実質的に禁止されている事実は棚上げにされ、中国人差別はアメリカより深刻だ。だが、いずれの国にあっても、一貫した整合性が政治の長所になるわけではない。人種差別については例外としても、日本人に接する外国人が、新聞の論調に見られるようなアメリカへの反発に出くわすことはない。

もしイギリスと日本の同盟条約が、国際連盟の設立などの理由によって窮地に陥ることがあれば、たとえイギリス側に原因がある場合でも、アメリカがその責任を負わされることになるだろう。二年前、同じように反イギリスの機運が高まり、軍事的課題全般でかなり厳しい交渉が同盟国イギリスとの間で行われた。ドイツとロシアは局外者ゆえ、イギリスには譲歩する理由がなく、立場は逆転している。日本が国際的に孤立無援の立場にあるなかでは、アメリカへの攻撃はますます愚かしいものに映る。たとえ、財政など対ロシアの利害関係が共通するフランスとの連携が実現しても、事態は変わるまい。

東京発　三月二十八日　水曜日《ママ》

明日は、鎌倉を再訪する予定です。東京から一時間半の距離。足を伸ばして、山間部の温泉地にも行くつもりです。桜の開花時期が例年より十日ほど早く、私たちが地方に遠出している間に散ってしまうのではないか心配です。そんなわけで、東京を離れるのは一週間のうち数日にとどめるつもりです。

五日間の日程で京都に行く予定がありますが、伊勢神宮にも立ち寄ります。日本で最も古く、最も神聖な神道の社、つまり皇室の祖先崇拝の中心をなす場所です。

祖先の話といえば、ある伯爵に言及した際のことを憶えているはず。最初の妻の父親は最近、男爵の地位を得たばかり。議会の閉幕を機に、伯爵は最初の妻の祖先が埋葬されている南の島に向けて出発しました。家族にまつわる重大な不祥事《ゴシップ》について報告するためです。この貴族の血を引くリベラルな長老政治家*は、先代の〔明治〕天皇と親密な関係にあったのですが、天皇による

〔訳注〕＊　芳川顕正（一八四二－一九二〇）を指す。不祥事の責任をとって枢密院副議長を一九一七年に辞任した（議長は山縣有朋）一連の記述は、事実と異なる面が多く、「訳者あとがき」で言及する。なお、「ある伯爵に言及した」手紙は本書に収録されていない。

憲法の公布を祝って毎年催される集まりには参加していません。立憲政治に進歩がみられないことへの反発がその理由で、改善を先代天皇に報告できるまでは会わせる顔がないと言明しています。天皇に対する責任を感じての行動でしょう。この精神主義者にとって、議会は生計の手段を得る場所ではありえず、過去を鮮明に確認させてくれるものなのです。

私たちが食事をとるのは、いつも遅めの時間です。私は日本食を、昨日に続いて今日も箸を使っていただきました。昨日のレストランでのお昼は、すごく盛りだくさんでしたが残しませんでした。夜の食事はある友人宅でごちそうになりました。コース料理の後、追加の品がいくつか出されました。最後に、お茶。今晩の別の方との夕食もほぼ同じようなものでした。私たちの手元に、日本語で書かれた食事代の明細書がありますが、お土産にいただいた塩を入れる銀製の小さな容器は含まれていません。

二日続きの晩餐で特徴的だったのは、スープが三回も出たこと。コースの始まりと中ほど、さらに終わりのときですが、ご飯が出されるのは最後の料理の直前です。その後に、どろりとした料理が一品か二品、出てきます。私は生魚を食べられるし、なんの問題もありません。日曜日の昼食では、海草で包んだ生の鶏肉を食べました。魚介類のなかには大好物の鮑《あわび》があり、蛸《たこ》も含まれていたかも知れません。

日本滞在は六週間をこえましたが、日録を見ると、六日間程度の観光しかできなかった半面、たいていのアメリカ人なら六か月間滞在してもおよばないほど、通常の暮らしをいとなむ日本の人たちの姿に接することができたと思います。とても大勢の人にお会いし、公職者だけではなく、リベラルな知識人を代表する方々とも言葉を交わしました。

日本の現状について来日前に予期したよりも多くのことがわかりましたが、ヨーロッパ各地を訪ね歩いた際はまったく逆でした。帰国したら、公的な立場にある方々に会ってみるつもりですが、その発言内容を判断するだけの知識は得られたはず。総じて、アメリカは日本に対して憐憫、少なくとも共感の気持ちを抱いて接するべきで、かといって恐れてはなりません。自分たちが多くの問題を抱えているときに、彼らのほうがより困難な状況にあると口にするのは愚の骨頂です。ただし、困難に対処するにあたって、日本の有する物的・人的資源がアメリカより乏しいことは間違いありません。日本が急激な速度で一等国の仲間入りを果たし、さまざまな面で準備が行き届かなかったのは、日本にとってきわめて不幸なことです。到達した地位と評価を損なうことなく行動するのは、とてつもなく困難なことであり、その緊張に耐えられない可能性もあります。

東京発　四月一日　火曜日

日本人の行いで、私たちが見習うべきことのひとつ――。

家を訪ねてくるお客さんに対するのと同様に、外国人に丁寧かつ親切な態度で接することの美点と責任感を、学校教育のなかで実に巧みに児童に教えています。こうした教育が国民的な品位を高めているのでしょう。

昨日のこと、天皇が外にお出かけになる場面を目撃しました。この路上での遭遇以前には天皇の外出など思いもよらなかったので、とても幸運な体験でした。

私は、いつものように女性の友人と連れ立って、車を待たせている所まで、宿舎のある丘陵をゆるやかに下る坂道を歩いていました。大通りに出て、運河にかけられた橋を渡ってから曲がり、車の駐車地点までの一区画を歩き出そうとするその時でした。橋を渡りきると、おおぜいの人が声をたてることもなく通りの両側に人垣をつくっていて、三人の警察官が注意深く丁寧に整理にあたっていました。私たちも、警察官の誘導するような視線を受けながら、列のなかに入って並びました。

誰も大声を発しません。同行の友人が警察官と会話していたので、立ったまま待たされている理由を聞いてみました。声をひそめて友人が、「天皇陛下が、早稲田大学の学位授与式に向かわれるところです」と教えてくれました。腰を抜かすほど驚きました。遭遇した事態を完全に理解できたのは、通り過ぎる馬車の扉に彫られた菊の紋章を目にしたときでした。

「乗り物は自動車？　あとどのくらいの時間、待たされるの？」再度、友人に訊ねました。きれいに掃き清められた道路を車の行列が通過した後、白砂を道にまく間、玄関が長時間にわたって閉ざされる沿道の様子など、さまざまな想像が浮かんだのです。「いいえ、ほんのちょっとの時間です」との返事。天皇についての噂話を聞きたい好奇心を抑えて、私の前にいる三歳くらいの子供を見つめながら、学童たちと一緒に待つことにしました。

まもなく行列が見えてきました。先頭は、無地のカーキ色の装束を着せられた一頭の馬。続いて、数台のピカピカに磨き上げられ、扉に菊の紋章がある四輪の幌馬車。その一台の後部座席に日本的な風貌の男性がひとりで座っています。カーキ色のウール地で仕立てられた軍服を着て、帽子姿。その後に、数台の二頭立ての馬車が続きます。私は精一杯首を伸ばして、座席の中央部にひとりで座り、笑みをたたえて前方を見つめる小柄な男性に目を凝らして見入りました。

行列が中ほどまで通り過ぎたあたりで、友人に訊ねました。

「どなたが天皇ですか?」

「最初の馬車に乗っていた方です」とのことでした。

行儀作法の教育が徹底していることを感じさせる完璧なまでの静寂が、その場を支配していました。次々と、馬にまたがる小ぶりの兵士が通り過ぎ、私たちはしばらく橋のたもとに立ち続けてから、車が待機している方向に移動を始めました。天皇の行列とは反対の方向です。しばらくしてから、「天皇が学位授与式に出るようなことがあるとは、思いもよりませんでした」と私が話すと、友人はゆっくりと品の良い、穏やかな調子で言いました。

「天皇のお姿を拝見したのは私も初めてです」

「そうなんですか」と思わず口にして、いくつか問いを重ねました。

万歳を叫んだりする人がひとりもいなかったことが奇妙に思えたうえ、人々が目を伏せたまま立ち続ける光景を見たのも今日が初めてでした。天皇をまじまじと見たのが自分ひとりであること、人々の畏敬の念の大きさが息つぎの音さえ聞こえなかった理由に他ならない、と思い知らされました。

もう一点、早稲田は自由を謳う私立の大学ですから、天皇が毎年、華族が在籍する学校の学位授与式に出席されることを知って驚いたのでした。こうして、幸運な機会に恵まれ、天皇の姿を首を伸ばすようにして見入ったのですが、無作法なことはしていないはず。

私たちが東京を離れる翌週に、宮中庭園で園遊会が開催される予定です。この催しには、伯爵以上の華族、帝国大学の教授、さらに来日中の外国人は教授職でなくても一度限りの条件でもれなく招待されます。詳細を知らないまま、私たちも大使館の招待名簿に登録していました。またとない招待であり、出席を見こんでいたものの、園遊会の開催が四月十七日、その前々日には京都入りを予定しているので招待はお断りせざるを得ません。

幸運なことに、皇族の某男爵令嬢のご好意で明日、いくつかの庭園を案内していただく際に、宮中庭園も見学できそうです。園遊会が催される庭園は、皇太子のお住まい〔東宮御所〕の一角にあり、天皇がいらっしゃるお壕《ほり》の内側〔皇居〕ではありません。菊の花を観賞する秋季の催しも、謁見以外は立ち入り厳禁の皇居内ではなく、この庭園で開催されるそうです。

お壕など皇居の外周部はすばらしい景観ですが、詳細は案内書を読んでもらうことにして、私の解説は控えましょう。お壕の石垣は封建時代の従属的役務によって建造され、丹精をこめて壮麗に仕上げられています。昔は、水をたっぷり張った壕がもっとあったようですが、現在は皇居を囲む三か所が残っているだけ。壕の内側を許された時間の範囲で散策すると、数人のいかめしい護衛兵が立つ巨大な門が目に入ってきます。庭園の空気はすがすがしく、樹々の茂みで鳥がさえずり、都会の汚れた空気は遮断されています。

今晩は足袋《たび》を履いています。サイズがぴったりとは合わないけれど、階段を上るたびに脱げてしまうフェルト製のスリッパよりはるかに履き心地は優れています。この宿舎内では、いつもごく普通の室内用スリッパを履くのですが、靴下のままのほうが快適で、ふたりとも外から帰ったときには敬遠気味です。

日本人は私たちよりも清潔好き、と断言できます。入浴時に日本式の浴槽につかることは、以前に報告しましたか？　毎晩、深さが一メートルもある木製の浴槽が、熱いお湯で満たされます。この宿舎では蛇口からお湯が出ますが、先日訪れた鎌倉では、バケツで運んだ水を浴槽の横に置いた木炭ストーブで温めるやり方でした。すばらしいしくみで、わが国では長いこと浴槽なしで通してきたことが残念に思われます。この小型で簡便な生活道具が大昔から至るところに備わっていたと思うと興奮をおぼえるほど。しかも、火箸を使って木炭を置き直すことで、お湯の温度を調節できるのです。

箸の使い方がだいぶ上達して、なんとか恥ずかしくない程度になりました。私の見るところ、日本の人たちは早食いで、ゆっくりかんで食べることをしません。

料理を上達するには、ニューヨークで外食して、少しでも店の調理法を真似てみることです。

ここ数日はヨーロッパ人の感覚で観光に専念して、昼間はあちこちをまわり、こまごましたものを買い集めていました。夜は、ゆったり落ちつけるこの宿舎ですばらしいひとときを過ごしますが、ヨーロッパ風どころかドタバタ騒ぎの連続です。

日本が誇る偉大な俳優が東京で公演中。普段は大阪を本拠としていて、芸名を雁治郎といいます〔初世・中村鴈治郎（一八六〇－一九三五）〕。明後日の特等席を予約済みですが、演目はニューヨークで「武士道」Bushidoと題されていたもの。上演時間は、海外公演に比べるとずっと長く、演題は海外向けとは異なる本来の名称で、舞台の進行も全然違うようです。

日曜日には二度目の能舞台に行くつもりですが、予約がとれない場合には、別の劇場〔歌舞伎座〕に向かうことになっています。男優しかいない劇団で、女性役もすべて男が演じる劇場です。女性に扮する男優の化粧はみごとなもので、動作、衣裳、演技のいずれも女性役に徹しています。ただし、動きを止めたときには、男優であることが隠しきれません。劇は午後一時に始まり、延々と夜の十時まで続きますが、特等席には漆塗りの小さな箱に詰められたお茶や夕食が、運びこまれます。

鴈治郎は八時間におよぶすべての場面に登場するので、思う存分その演技を鑑賞できます。舞台衣装は華麗きわまりないものですが、それを目立たせようとして俳優の身ぶりを大きくすることはありません。発声法はわざとらしく気どっていて、効果を狙ってのものですが、結果として、世界のどの演劇集団にもひけをとらない全身を駆使した演技になっています。

私たちも見届けましたが、最高のレベルに達すると、たとえ俳優の表情が見えなくても背中や下肢のふくらはぎで感情の動きを表現できる、とまで言われています。

東京発　四月一日〔同日二通目〕

先週は鎌倉との往復が続きましたが、ここ数日の行動も実に多種多様でした。海に面した鎌倉は、夏冬とも人気のあるリゾートで、週末はヨーロッパ人向けのホテルがにぎわいます。夏の季節、われわれは山に向かうものですが、対照的に日本の人たちは海辺に出かけます。子供たちが水遊びを好むからでしょうが、山登りを愉しむ習慣があまりないようです。

丘陵に囲まれた鎌倉の気温は東京に比べて五度以上高く、エンドウは花ざかりですが、桜の花はすっかり散ってしまいました。私たちが滞在中は雨天の寒い日が続き、一日だけ晴れた日に集中的にあちこちを見てまわり、少し疲れました。

観光見物に出かけようとする矢先に、ママや私への電話が入ってその対応に追われることがよくあります。

今日入ったお店には、日本の古美術品の精巧な複製や中国絵画などが展示販売され、こちらに心は動いたものの、実際に購入したのは数枚の色彩版画だけ。日本には戦争で巨万の富を築いた資産家が多く、旧家が手放す秘蔵物を買い集めているが、アメリカの相場よりもかなり高価らしい。江戸時代の大名家を継ぐ人々は商業感覚が豊かで、市場をうまく利用しているが、なかには困窮して売る向きもある。一週間前に、あるオークションの会場にふたりで出かけたが、古い年代物のコレクションが出品されていて、骨董品店ではお目にかかれない上等な物ばかりでした。今週末、ある侯爵家が所蔵品を新興の資産家に売却する話が耳に入ったが、極上品がどれほど出されるのやら。

まだ手紙に書いていなかったが、柔道Judoを観戦することができました。柔道界を代表する傑出した人物*は、教員を養成する師範学校の校長です。忙しいなかを私のために時間をさいて、熟達者による模範演技を披露したうえ、さまざまな理論的解説も聞かせてくれました。日曜日の午前中のことで、会場は広々とした柔道会館。多数の組み合わせによる「自由演技の」対戦もありました。目にもとまらない早わざで一瞬のうちに、相手の背中越しに投げ飛ばされ床に叩きつけられる選手がいる。まさに技巧そのもの。

指導者の師範は伝統的な鍛錬法を実践し、研究を重ねてその力学的原理を体得した末に、グレード別の科学的な訓練体系を考案したのです。この体系に秘術的要素は少なく、人体の構造と機能に関する研究に裏づけられた基礎的な技巧が原理とされて、人体の平衡バランスを保つ方法、相手方の重心移動を利用する術について研究が尽くされています。最初に教えられることは、いかにして相手の技をかいくぐり、相手を打ち倒すかであり、このことだけが入門料に見合うものとして、すべての道場で教えられます。

野外競技にとって代わるものではありませんが、室内で行われる型にはまった身体訓練法にくらべてはるかに優れています。精神的要素にも富んでいるので、意識を統御する観点から、この競技についての研究を深めるべきです。アレクサンダー氏に、** 同僚の〔アーネスト・J・〕ハリソンの著書『日本の闘争心』〔一九一四年・未訳〕を図書館から借りて読むよう伝えてほしい。ジャーナリストによる著作で、深みのあるものとは思えないが、信頼できる内容と評判です。

柔道について考えるとき、日本人の腰の細さに目が向かいます。腹式呼吸を身につけているに違いない。筋力が特に強いわけではないが、これほど太い前腕部は見たことがない。頭をのけぞらせて立ち上がる技はまだお目にかかっていません。日本の軍隊では、昔の侍Samuraiが信奉し

〔訳注〕＊　嘉納治五郎（一八六〇－一九三八）　講道館柔道の創始者。柔道の技術的・理論的基礎を確立した。
＊＊　親交のあったアレクサンダー・テクニーク（身体技法の一種）の創始者フレデリック・マサイアス・アレクサンダー（一八六九－一九五五）を指す。

た禅宗仏教の教えに由来する深い呼吸のメソッドに通じるものが伝えられているうえ、他国の軍隊からも現代的な身体訓練法が数多く取りこまれてきました。

会場周辺の庭園は桜の花が満開で、道路も酒気を帯びた人々で溢れかえっていました。日本人は、季節の折々に飲酒に興じるらしいが、酩酊した人たちの集団を目にしたのは初めてです。

東京発　四月二日

今日もすばらしい一日でした。早起きをして、手紙を数通書きました。いずれも急いでいるけれど、まだ投函していません。というのは、次の船を待ったほうが早く着くからです。だから、一度にどっさり届くはず。

日中は晴れて良い天気でしたが暑くなく、動きまわるには絶好の日和でした。まずは、昨日選んでおいた版画を買うために美術店に行き、それからある経済学の教授を訪ねました。国会議員でもあり、急進的な思想で広範な活動に取り組んでいる方ですが、精力的で旺盛な好奇心をもち、多方面への関心の向け方など、あるアメリカの人物に似ています。面談して、多くのことを教えていただいたうえ、昼食をごちそうになりました。

住まいは、奥方の母上が住む、すてきな日本家屋でした。ほとんどの富裕層の住居と同様に、洋風の増築部分がありますが、本体とはまったく印象の異なる建物です。絨毯やテーブルクロス、壁かけのタピストゥリはドイツ風のもので、日本的な趣向は感じられませんが、大変美しいものでした。この住まいは、完璧なまでの清潔感に溢れ、床板は鏡面のように輝いて、塵ひとつ見あたりません。

私たちが受けた歓待の様子を的確に描写できるか自信はありませんが、精一杯、試みます。

三台の人力車に分乗して、丘の上を走る細い道の桜並木を通り抜けました。この資産家の庭園になっている丘陵の広がりが、通用口の竹垣越しに見えてきます。竹垣は、長さ二メートル弱の竹をずらりと垂直に並べ、紐で結びあわせたもので鮮やかな緑色が美しく映えます。

玄関で出迎えてくれたU氏の案内で西洋絵画を飾っている部屋に通されました。イギリスのビクトリア朝中期とドイツの絵画が記憶に残っています。部屋には、大きくて圧倒的な印象を受ける美しい漆塗りの飾り棚がありました。この家に住む女性たちが入ってきてお辞儀をしましたが、なごやかな雰囲気で私たちから謝意を伝えると微笑んでいました。

U氏の義妹は十六歳ですが、アメリカへの留学を希望しているとのこと。後から来られた祖母上の応対には威厳が感じられました。子供たちが騒ぎまわるのは、アメリカと変わりません。

女性たちがお茶を出してくれましたが、緑色のキャンディが添えてありました。カップは白地に青を配した愛らしい感じのもので、小さな漆塗りの容器にのせて運ばれてきました。U氏と同行している間に、すでに三度も種類の違うお茶が出されましたが、その都度、茶菓子が添えてありました。

しばらくして、昼食の席に呼ばれました。

三つの席が用意され、青色の紋織りの座布団が置かれています。給仕役のふたりの若い女性が待ち構えるように座っていました。ワインも出されましたが、私たちはベルモットをいただきました。それぞれの席の前に、漆塗りのお椀が置かれ、蓋をあけると、野菜が入った魚汁でした。汁を飲んでから、箸を使って口に運びました。祖母上は当初、西洋料理を考えたようですが、十六歳のお孫さんが気をきかせて日本式の食事にすることを主張されたようです。日本の家庭料理をいただく機会はめったにないのでありがたく、お礼を申し上げました。雛祭りのお菓子を除けば、これが最初にいただいた日本料理です。

私たちが体験したなかでも最高のもてなしでした。日本人が自分の家庭に外国からの賓客を迎え入れるときは、外国人を畳に座らせて、家の女性たちに給仕させるようにします。給仕役が料理を盛った皿を運んできては、食卓の近くに座る女性たちに手渡し、それが賓客に出される様子に思わず見とれてしまいます。食事の間は、なんとか正座していられるけれど、立ち上がろうとすると、足から膝までしびれてしまい不格好そのもの。

出された料理は、汁物、ソースが添えてある海老の揚げ物、小鉢に盛られた冷野菜、揚げたての魚。これに加えて、いくつかの漬物とご飯。日本の人たちは、ご飯のお代わりを何度かしていました。デザートのオムレツは、はじめから横に置かれているのですが、とてもおいしいものでした。最後に台湾のウーロン茶が出され、外国風のトーストもいただきました。

食後、二階の居間に案内され、たくさんの漆器やブロンズ像、木工品などを拝見しました。再び階下にもどると、お茶と果物が用意されていました。宮中庭園まで車で送ってもらうことになっていて時間の余裕はなかったのですが、最後のお茶をいただいてから靴を履き、玄関口で車の到着を待ちました。このときのお茶は、ミルク入りの濃いウーロン茶で、角砂糖が二個添えてありました。こうして、三時間の滞在中にお茶が六回も出されたのです。

宮中庭園の全容についてはとても書ききれないので、案内書を読んで理解を深めてください。

一万本にのぼる蘭がまず視界に入りますが、レタス、さやえんどう、トマト、じゃがいも、なす、メロンなどの野菜や果実が葉陰に実を結んで、やがて、天皇の食に供されるのです。

これほど立派なレタスは見たことがありません。同じ大きさに仕切られた苗床にレタスの結球が並んでいる光景を見るだけで、手入れの良さが感じられますが、他の果菜も同じこと。じゃがいもは葉陰に稔るもの？　などと聞かないでね。鉢植えのぶどうは、実が小さい頃は葉の下に隠れているようですが、熟す過程をよく知らないので、断言はできません。

苗床に咲き誇る花々も美しいものでした。群れたように咲くモクセイソウをはじめ、名前も知らない明るい色の花々は、園遊会のために準備された花壇になっています。前にも書いたように、十七日の当日は参加できません。

天皇夫妻が着席される場所に、屋根のしっかりした巨大なテントを設置する工事が進行中ですが、早ければ翌日には撤去されるとのこと。ただし、一日で撤去できるものかどうか。

雨天の場合、園遊会は中止とのこと。昨夜の雨で、花がしぼんでいるように見えたが、今日は快晴の天気。日本の庭園について書かれた資料を長年にわたり調べた人でも、この名高い庭園を実際に見たら、きっと驚くはず。

花を植えていない芝生が大きく広がっていますが、この時期は枯れて一面が茶色になっているなか、たくさんの水仙が華やかに咲き誇っています。桜の樹の下で、天から差しこむ陽光に輝く水仙の花は、生涯の記憶に残る光景のひとつとなりました。

人工的につくられた池、川、滝、数本の橋、さらには池のなかにいくつかの小さな島、そしてなだらかに盛りあがった小さな丘の数々。園内を歩いたり、泳いだりしている大きな鳥。日本の魅力をたっぷり実感できる庭園風景です。樹々の茂みが美しく延々と広がっている光景は、まるで一連の絵画そのもの。六十五万平方メートルを優にこえる庭園に建築物はひとつもありません。


初めのうちは、行動範囲が一部の市街地に限られていましたが、最近は郊外を車両で移動するようになっています。〔一昨日の〕月曜日に、帝国劇場を再び訪れる日取りが決まりました。今日は、こじんまりした劇場で大俳優の鴈治郎を観ることになっていますが、彼が東京の舞台に立とうとすると、東京の俳優や舞台関係者が嫉妬心から妨害する動きがあるらしい。

かつてシカゴで知りあったT氏の発案で、私たちが東京を離れる前に、教え子たちとの晩餐会が開催される運びになりそうです。東京のレストランは例外なく愉しい場所で、承知したことは言うまでもありません。このことで東京滞在が一日延びるかも知れないが、最終決定はまだです。

東京にいる間は、桜見物の招きがあればできるかぎり応じるつもりで、何軒かある有名な茶屋《ティーハウス》を訪ねる機会があればと願っています。新式のデパートを除けば、女性たちが午後のお茶を愉しめる店は東京にはありません。女性たちに外出する機会のほとんどないことが、うかがい知れます。

隅田川は、遠方の山間部を源流とする多くの川が合流してできた大きな川。帆船などさまざまな船舶の航行が頻繁で、都市としての東京ばかりでなく、日本の歴史の中心的な舞台となった場所でもあります。

東京発　四月四日

大阪を本拠とする偉大な俳優の鴈治郎がいま東京で公演中。ニューヨークでは「武士道」の題名で披露した演目などを上演しています。

人間に化けた狐の踊りはみごとな演技で、その魅力を文章で伝えたいと思うが、自信がない。ゆったりした動作はいままで観てきた日本舞踊と変わらず、ロシアの踊り手のような荒々しさはない。共演者なしにひとりきりで踊り、ロシア・バレエと同様に形式は自由だが、はるかに古い伝統に支えられている。人間の手や腕にどれほど表現力があるか、実際に観て感じてもらうしかありません。鴈治郎は何枚もの仮面を使いわけて演技し、踊る。爪で引っかくような動作もなしに猫の動きを表現し、その気品としなやかさを感じさせる。彼の父親は〔中村〕翫雀《かんじゃく》*という俳優です。

東京を離れる直前で、慌ただしい日々を過ごしているが、やり残したことが少なくない。桜の花は満開だが、花みずきが薄いピンクの花をつけていたら、さらに効果的だったろう。葉がついていない樹木がたくさんの花で覆われる光景の美しさは表現しようがない。木蓮《もくれん》も同じような咲き方をするのはご承知の通りだが、桜の繊細な優美さにはおよびません。

今日はふたりである美術館に行ったが、いくつかの点で帝国博物館よりも優れていて、絵画はともかく、神仏の彫像や中国の美術品などの収蔵物が際立っていました。

東京発　四月八日

明朝八時半の出発に向け、荷物をまとめている最中です。――明日は終日の移動で、夕刻四時まで日本で最速の列車に乗るのが、最初の行程です。普通列車の時速はおよそ二十四キロメートル。日本が狭軌の鉄路を採用したのは残念なことですが、安全第一の原則を守っていることはよく知られています。

最後の手紙を出してからも、いろいろなことが続きました。

一番おもしろかったのは日曜日の体験。郊外に出かけた折に、満開の桜と浮かれて騒ぐ花見客の両方を目のあたりにし、まるで謝肉祭《カーニバル》のような印象でした。派手な衣装で装飾用のかつらをかぶり、九割がたは酒気を帯びています。私たち以外に酩酊していない人は数えるほど。誰もが、片言の英語を私たちに向けてきます。ある盛装した男性は「自分、チャーリー・チャップリン」と解説していましたが、確かにそっくりな格好でした。

手荒な喧嘩を目にしたのは一件だけで、ひどい馬鹿騒ぎはありません。お互いへの思いやりが感じられます。普段は遠慮気味の人たちも、休日には隠しごとや内に秘めた野心をぶちまけている感じ。この日の接待役をつとめた方は、ずっと穏やかに笑いを浮かべていました。真っ赤な女性の服を身にまとった男が自動車のステップに足をかけようとした際も、手出しはしませんでした。めったに酔い痴れることがないので、いつものお祭り騒ぎと受けとめているのでしょう。本当に幸せな人々です。

東京の水源である運河の両岸には、並木が延々と続いています。樹種はさまざま、育ち具合も

〔訳注〕 * 原文は Ganjiro になっているが誤り。

まちまちで、花をつけていない木もあれば、満開の木もある。葉がついてない木がある一方で、ピンクの美しい小さな葉に覆われている木もあります。桜の花が散る光景は、まるでちらちらと降る雪のようですが、まだ満開の時期は続きそうです。

昨日は二度目の帝国劇場で観劇。総勢十人でボックス席ふたつが満杯でした。舞台裏に案内され、出演者の控室などを見学できました。その折、ある俳優親子に紹介されたのですが、息子の方は十歳を過ぎた年頃、その後の舞台に登場してかわいい踊りを見せてくれました。控室では家庭教師から漢字の書き方を習っているところでした。話しかけると初めて顔を上げましたが、日本で会った少年のなかでも顔立ちの美しさは一番、知性も感じられました。日本では俳優という職業は事実上、世襲です。幼児期からの訓練を受けていない外部の人間に演技が可能かどうか疑問ですが、仮にできるとしても、当のギルド社会が受け入れるとは思えません。イギリス系の血統をもつある俳優が、日本の舞台興行で大成功している事実は知っていますが……。

昨日は舞踊などおもしろい出し物をいくつか観たのですが、アメリカでの上演を切望していて、資金面の後援者を探していると知りました。演目を厳選し、たくさんの動きをとり入れて、台詞《せりふ》を少なめにし、台本の内容を丁寧に説明すれば、少なくともニューヨークでは成功を収めることでしょう。

ある晩のこと、由緒ある日本式の茶屋で大変なもてなしを受けました。その一角に能楽用の舞台があるお店で、十二品におよぶ晩餐をいただきました。それにもまして興味をひいたのは集まった皆さんとの会話でした。総じて、日本のことをよく知りぬいている人々に会う機会に恵まれたと思います。二か月の間に、日本社会が直面するさまざまな状況に精通する方々と接することができました。

経験を積んだ新聞記者なら、入手した情報をもとに数日で全容を把握できるのでしょうが、私が思うに、物事というものは印象の蓄積をもとに背景を含めて徐々に理解が進むものです。いまが絶妙の時機ですべてが切迫し重大な局面にある、と教えられてもその意味がわからず、人々から聞いたことを自分の言葉で再現できない。それでも私のなかでは理解が進み始めているのです。

変化の兆候はなかなか外部には現れないものですが、日本は、半世紀ほど前に開国し、外の世界との接触を始めてまだ年数が浅い状態です。とくに精神面での対応については未熟さが目立ちますが、今後数年の内に急速な社会変化を遂げることでしょう。

奈良発　四月十二日

国内を移動する旅が始まり、いかにも日本を思わせる風景に初めて接しています。一日目の東京から名古屋への車中は愉しく、なかでも富士山の姿には数時間にわたり目を奪われました。日によっては見えないこともあるらしいが、幸い、晴れて暖かな一日でした。

名古屋には日本が誇る最古の城郭があり、屋根の上に設置された二頭の金の鯱《しゃちほこ》については、君たちも聞いたことがあるはず。城郭は宮殿であり、見学するには、東京で発行される許可証が必要とのことでいろいろと試み、東京のX氏邸で出会った奈良出身の好青年にも電話でお願いしたが叶いませんでした（いかなる事情があろうと、彼自身も入れないとのこと）。そのかわり、夜の食事に誘ってくれました。

奈良の超一流の茶屋に案内され、他では味わえないという手のこんだごちそうをいただきました。儀式ばらない茶の湯のもてなしから始まり、それぞれに用意された深い茶碗で次々と抹茶をいただきます。奈良の料理は東京よりもおいしい、ということでふたりの意見は一致。味わいが深く、さまざまな風味の変化を愉しめるとの感想を伝えると喜んでいました。甘いカラメルをまぶした長さ十センチほどの鱒《ます》には驚きましたが、甘みを加えた酒のようなもので調理されているとのことで、瓶に入った味醂《みりん》という酒を帰り際に贈り物としていただきました。ということで、ガラス瓶が鞄に入っています。

食事を終えてから、無作法がなかったか気にしていた青年は、名古屋でも一流の三味線弾きと歌い手、さらには踊り手まで席に招きました。数人の芸者が登場して、まるでユダヤのダビデ王に捧げるかのように歌い、演奏し、踊ります。芸者にも、その他大勢のコーラス・ガール程度の者から一流女優の水準に至るまでさまざまいるようで、この日は上位に属する女性たちとのことでした。

外国人にはあまり知られていない日本の一端をお見せしたいと言う青年は、舞踊や料理店について解説してくれました。このお店は、なじみの客あるいは高い地位にある人の知り合い以外は入店を断るそうで、この席にいた女性たちによると、青年は芸者のうちのひとりに特段の関心を抱いているとのこと。私にとっては、踊りも音楽も、観光案内書の紹介記事に書かれているよりずっと面白いものでした。

翌日は、古代からの由緒がある伊勢神宮に行きました。午後二時頃に着いて空腹気味でしたが、天気もあまり良くなかったので、お参りを先にすませることに。厳かな社が建っている〔宇治〕山田という地区一帯は大変美しい場所で、樹々に覆われた丘陵の麓《ふもと》にいく筋か小川が流れています。樹種は、杉がほとんどで、カリフォルニア産のアカスギによく似ているが、樹高はそれほど高くない。

絨毯《じゅうたん》の生地で作られたような旅行鞄を背負う数千人の巡礼客が切れ目なく訪れる人気の高い場所。以前の手紙にも書いたが私は、借り物のフロックコートとシルクハットという姿。女性は特別な衣装をまとう必要はないと案内役から言われていた。あらかじめ神主《かんぬし》には、一時間しか余裕がないことを東京からの書状で知らせておいた。

最初の出入り口にあたる鳥居Toriiの下で、お清めの儀式。自分の手で水鉢の水を小さな聖杯

〔柄杓〕で汲みとり両手に注ぐと、特別の計らいで神主が私たちに塩をふりかける。

垣根の出入り口のところで、「訪問着」を着ていない女性は入場させない慣行だが、私を帝国大学の教授と同格の者とみなして、許可する旨を告げられた。言い忘れたが、先導するひとりの警察官が野次馬を追い払い、進路を確保してくれた。神主の後ろに従い、ゆっくりと列をなして進んだが、足元には浜辺から運ばれた小石が敷き詰められていた。次の垣根まで続く杭垣の間を進んでいき、日本人の案内役よりもさらに出入り口に近づくことを許された。指定された場所でお辞儀をし、礼拝した。私のお辞儀は速すぎて、後から考えると礼を失して恥ずかしく感じた。日本人の案内役は十五分以上も立ち尽くしていたようだ。

京都発　四月十五日

日本のフローレンスとも呼ばれる京都に来ています。できるかぎり、イタリアよりじっくり見てまわろうと思います。今日は一日中、雨が降り続いていましたが、観光の予定が切れ目なく続く一週間の始まりとしては良かったかも知れません。

午前中は、ヤマナカという古美術店*にいました。いままで見たこともないような立派な店構えで、立派な和室がいくつもあり、それぞれの部屋に最上級の工芸品がたくさん並べられています。

おそらく、日本式の流儀できちんと仕分けされているのでしょう。

私は赤い紋織物を買いました。くすんだ赤色の生地に金と紺の二色を配した牡丹の花と小鳥の紋様がすばらしい。仏教僧が行列して歩く際に、左腕に巻きつけるものです。百年は超えているという鑑定書付き。長さ百五十センチ、幅三十センチほどの板状のものですが、細長く織られた四枚の布地が縫いあわされ、全体の調和がみごとです。

もうひと品を買い足しましたが、色は紫、大きな鳥と牡丹の花の図柄がすばらしい。紋織物の柄としては、菊などの小柄な花よりも牡丹の花のほうが私の好みです。柘榴《ざくろ》の花柄の美しさにも心が動きましたが、中国に行けばもっと安く手に入ると思い、買いませんでした。寝室に常備する小ぶりの茶器セットを買いましたが値段は三十銭、ティーポットとカップ五個で十五セント相当です。地が灰色の陶器に青の模様が描かれています。他にも、安価ですてきなものがたくさんありました。


明日は、茶の湯発祥の地といわれる寺院を訪ねて、高僧がふるまうお茶をいただく予定です。あなたたちも案内書を手にして、京都の数々の寺院について調べてごらんなさい。手紙に書き尽くせないほどの数です。どの寺院に行くにも、市バスが便利です。京都の町の大きさは古代の都

〔訳注〕＊　明治年代にアメリカなど海外にも店舗を開設した山中商会と思われる。

市そのままで、狭い地域に密集していますが、寺院から寺院への移動距離はかなりあります。明後日は京都御所を訪ねますが、あちこちでおいしい食事をいただくので、体重が増える一方です。

好天が続き、春の気分を満喫しています。京都に着いたときには桜の花は散っていましたが、楓の若葉が緑や赤い色に映えて、どちらに目を向けても天国にいるような気分です。フローレンスに比べると間近に迫る丘陵の峰々は高く、京都の町は至るところ自然の美しさに溢れています。

京都に一週間滞在してから大阪に移動します。大阪には、文楽人形の劇場や鴈治郎が指導する演劇学校があります。日本の演劇の原点ともいうべき文楽を早くこの目で見たいもの。舞台での約束事の多くが人形の動作に由来している、と言われます。

京都はいろいろな点で、世界に誇れる土地柄。自然と芸術が一体となって融合し、夢見心地の気分になります。数ある寺院の規模の巨大さや、木造の建物に展示されている数多くの神秘的な絵画や彫像は観る者を魅了します。これほどさまざまな観念や感情が共存できるのだから、この地球上には、さらに多種多様な世界があるに違いない、その広大な圏域の全体どころか一部さえ知らずにわれわれは生きているのではないか、という思いにとらわれます。

今日訪れたいくつかの庭園は、中国やインドの古代思想にもとづき千年ほど前につくられて以来、変わることなく古い時代の日本を体現し、衰弱した時代の遺物を思わせる東京の寺院に比べると、美術工芸品が無傷で保存されています。茶会の発祥の場といわれる初期の仏教寺院を再現する造園にあたっては、ミニチュア版の小川や小島や砂山がつくられ、小さな木も植えられていて、すべて文化全盛期の中国の実際の風景を模倣しています。

原型となった中国の庭園は荒廃したまま放置され、訪れる人々を幻滅させているとか。五十年前、五重の塔が五十円の値段をつけて、奈良の地で売りに出されたことがありました。アメリカの大富豪が中国の巨大な山門、五重の塔、寺院建築を買い上げて、保存への一歩を踏み出したのです。やがて、日本人がこれらの歴史的建築物の価値に気づき、修復不能の状態になる寸前に、いくつかの寺院が再建されたのでした。

木材は、巨大な構造物に使用された場合に無類の強みを発揮します。高さが四メートル近くもある世界最大の釣鐘が、花に似せて先端が反り曲がった屋根をもつ鐘楼の太い梁に吊り下げられています。元々は、小高い山の頂きに設置されていたそうです。次の日曜には、その鐘の鳴り響く音が聞けそうです。奈良で、高さ三メートル弱の鐘の鳴る音を聞きましたが、実に深みのあるものでした。美しい青銅の鐘から聞こえる音色はやわらかく、聞く者すべての心に届いて、最後の審判の日の大いなる瞬間に、こうした響きで呼びかけがあるのかも知れないと思えたほどです。

ふたりでDさんと一緒に昼食をいただきました。彼女は、日本の若い女性たちの教育機会を増やすために努力しているさまざまな話を聞かせてくれました。もしあなたたちが聞いたら、イヤリングを売ってでもお金をつくって理想主義者の一団に寄付したい気持ちになることでしょう。

その女性たちは、森を切り開いた私たちの祖先と同じように開拓者の気構えでいるのですが、実際には切り倒す木の一本にもありつけていない状況なのです。私がアメリカに帰ったら、プロテスタントの組合派教会を訪ねてまわり、日本の若い女性たちに教育の機会を提供する寄付金を日本に送るよう訴えてほしい、とDさんから要請されました。

ある一日、私たちは市長の公用車で動きまわり、その翌日は大学が調達してくれたハイヤーを自由に使わせていただきました。これにふさわしいことをなにもしていないし、このままでは名誉を保つために命を差し出さなければ、と気をもんだほどでした。応接役の方々が、人種間の平等観念を身につけた高潔な精神の持ち主であることは間違いありません。

静かな宿泊場所を見つけてこの地を再訪し、じっくりと史跡を見学したいものです。壁に飾られている絵画はかなり破損していますが、掛軸や版画類の保存状態は良く、奇怪さを感じてグロテスクと敬遠してきたものに美を感じられるようになったのは嬉しい限りです。地面に生えている木々と絵に描かれた木々を同じ視線でとらえる術《すべ》を身につければ、自然と人間の双方を一体のものとして認識できるようになるはずです。

京都発　四月十五日〔同日二通目〕

雨模様で、なにもできずに終わった一日でした。京都には昨日のお昼頃に到着。山腹に建てられたホテルは眺望が良く快適ですが、帝国鉄道院が経営する奈良のホテルがこれまでに泊まったなかで唯一の最上級クラスだったので、さすがに見劣りがします。

午後、大学が差し向けてくれた自動車で郊外にある桜の名所に行きました。――すでに桜は散っていたものの、川や山の緑が美しく、大勢の人が愉しげに過ごしていました。あらゆる階層の人々が屋外や茶屋で愉しみを満喫する様子を目のあたりにするのは、なんともすばらしいことです。毎日が休日のように思われるのは、私の知るかぎり、日本だけでしょう。酒気を帯びた人も見かけますが、度を過ごすことはありません。

四月の京都では恒例の、芸者さんによる舞踊会が、養成所に隣接する劇場で開催されます。一時間の舞踊会が日に四、五回もくり返されます。私たちが行ったのは昨夜ですが、いままで観た劇場での舞踊や奈良の芸者さんの踊りにくらべると、無表情な動作が目立ちます。それでも、色の組み合わせや場景の設定はすばらしいものでした。まったく異なる八つの場面が設定されているのですが、場面転換には一分もかかりません。幕が下りると、キャンバス地に描かれた場景がその前面に掲げられて時間経過を示すのですが、その都度、やり方が異なります。

市長からのお誘いで、〔三日前の〕土曜の午後、学校の教員を前に講演し、終了後に市当局が主催する日本式の晩餐会に招かれました。またしても、市が所有するたった一台の自動車が空いている場合には、私たちが自由に使えるように配慮してくれたうえ、来週の月曜〔二十一日〕には、磁器工場と織物工場に案内していただく予定です。京都の町は、古いもの新しいものを問わず、日本の芸術制作の司令塔となっている感があります。

大学当局は東京に電話をして、京都御所の入場許可を取りつけてくれました。やはり、名古屋城については同様の扱いをできないと言われたようです。

奈良滞在中は、ほとんどの時間を郊外の法隆寺で過ごしました。法隆寺が千三百年の昔、日本への仏教導入に際し中心的な役割を果たしたことを覚えている程度なので、詳しくは百科事典で調べてください。

奈良の地は美術工芸を中心とする文化の進展に寄与したものの、残念なことに往時の壁画は変色して不鮮明になっています。おびただしい数の彫像が残っていますが、日本では大理石が採れないので、すべて木材に彫ったものです。たまたまこの日は、仏教導入に功績のあった聖徳太子の生誕記念日でした。太子を彫像にした作品は多数ありますが、二歳、十二歳、十六歳の時の姿を彫ったものが人気の的です。その敬虔な信仰は幼少時からのものであることが、さまざまな形で伝えられているのです。

さまざまな覗きからくりや露店などの愉しみが、群れをなして押しよせる巡礼者の敬虔な信仰と結びつく様子は、イタリアをしのぐもので、日本では悪徳とされない節約を尽くして持参したお金をここで使い果たすのです。

住職専用につくられた庭園に案内され、昼食をいただきました。きわめて多忙な身にもかかわらず、豪華な僧衣をまとった住職が挨拶に来られ、茶菓の用意を指示されました。静まりかえった小庭園と、垣根越しに聞こえてくる太鼓の音や客引きの声はきわめて対照的で、入りまじる客引きの声や庶民の住む町並みとは無縁にたたずむ古寺の美しさは、日本独特の魅力的な場景のひとつです。

好奇心は、日本人が押し隠すことを教えられない唯一の感情のようで、見慣れないものには大勢で群がります。興味あるものを子供たちが見逃さないように声をかける両親の姿を数えきれないほど目撃しました。すべてを目に焼きつけようと私たちにつきまとい、ゆっくりと生まじめな表情で歩く人々の姿を何度も見ていますが、無礼なふるまいはまったくなく、ひたすら好奇心にひかれての行動です。

朝食を終えて、博物館に向かっている私たちの前に、数人の少女が現われて、お辞儀をしました。そのひとりが私の手をとったかと思うと、博物館まで案内をしてくれたのですが、九歳か十歳くらいの少女たちの親切な行動には心を動かされました。なかでも貧しげな印象のひとりが、私を見上げてにこっと笑い、私の手を抱きしめるようにして、明るい表情で微笑んでいました。少女たちが行儀よく自然な態度でいるので、切り上げるのにひと苦労でした。

日曜の朝には、数人の兵士が満州か朝鮮に出征する様子を目撃しました。八時前に軍靴が路面を踏み鳴らす音が聞こえ、何百人もの少年少女が教師に先導されて鉄道駅まで行進する光景が、翌朝も再現されました。

京都発　四月十九日

市長をはじめ市の幹部職員十五名が主催する、芸者さんもまじえた宴会から帰ってきたところです。京都市がこうした形で学者をもてなすのは初めてのことと言われて、パパは当惑していました。それにしても、日本独特の男性たちのどんちゃん騒ぎの場に、史上初めて女性として加わった私はどうふるまえば良かったのでしょう。

芸者さんの年齢は十一歳から五十歳前後までさまざま。年配のひとりは京都で一番の踊り手とのことで、身ぶり手ぶりだけで感情を表現する舞踊が披露され、会場の人々を魅了しました。彼女は政治的活動で投獄されたことがあり、支持する候補者の選挙運動資金を集める活動に関与したとのこと。日本では女性の政治参加は法に触れることなのです。

これまでに見てきた年配の芸者さんと同様、手を休めたときには寂しげな表情を浮かべますが、接客中は、そんな気配を感じさせません。私たちが接したのは最良の芸者さんたちでしょうが、大変な教養の持ち主ばかりです。その話し方には堂々とした淑女の落ちつきと子供のあどけなさの両面が感じられ驚きます。私たちに強い興味を示して、ありとあらゆる質問を向けてきます。

赤ん坊が大好きと言う十七歳の若い芸者さんは、私に何人の子供がいるのかを尋ね、五人と答えると大喜びでした。浮世絵の版画に描かれた薔薇のつぼみを思わせる口元を見せながら、版画と同じ身ぶりで踊ります。若手の芸者さんは飲み物を口にせず、宴会の最後にかならず出されるご飯を食べていました。

十一歳の少女は「富士」と題する踊りを舞ってくれました。足の運びを見ているうちに、一緒に山登りをしているような気分になります。踊りの中間で、頬がふくらんだお面をかぶり、汗をぬぐって顔を洗い、扇子であおぐ様子を見せてから再びしっかりした足どりで山登りを続けます。あらゆる動作に品位があり、優雅な繊細さを感じさせて、不意をうつ唐突な動きはまったく見られません。踊りを終えると私のそばに来て座ったのですが、熱でもあるかのように肌がほてっていました。男性客は年配者ばかりでしたが、彼女たちにきわめて礼儀正しく接していました。

以下のような手順で、宴会は進められます。

料亭には靴を脱いであがり、案内された小部屋の座布団に座って、お茶をいただきながら出席者が集まるのを待つのが通例です。今日は六時頃に、金屏風と障子に囲まれた大部屋に案内されました。座布団が一メートル置きに三列に並べられて、美しく空間を引き立てています。ひとつの列の真ん中辺に座布団が積み上げられ、外国人の賓客が日本式に膝を折らずに座れるよう配慮されていました。参加者同士のにぎやかな挨拶が一段落してから、私たちの席に向かいました。日本式のお辞儀はできないし、彼らのほうでアメリカの流儀にあわせてくれるので、握手で挨拶をしました。改めて全員が座ります。

小さな卓を手にした愛らしい接待役の女性たちが、すべるような足どりで部屋に入ってきます。最初の卓はパパの前に、次に私、それから市長に、続いて全員の前に卓が置かれます。市長の席は列の端ですが、配膳が完了すると、部屋の真ん中に進み出て、短めに歓迎の挨拶をしました。遠来の賓客にささやかなもてなしで申し訳ないと言い、外国人の学者を市として初めてもてなす栄誉を口にされました。

これに答えて、パパも心をこめた挨拶をして着席すると、一斉に漆器のお椀の蓋をあけて、箸を手にします。汁をひと口飲んでから、小さな皿に盛られた魚の刺身を滑らないよう苦労しながら箸でつかみ、醤油につけて口に運びます。今晩いただいた最初の汁はアオウミガメの濃厚な味わいがするものでした。これを飲み干してから、一匹の小魚にとりかかろうとすると、不慣れな生魚を食べ過ぎないように案内役から注意されました。

すでに、新しい漆器の台が横に置かれてあり、こんがり焼かれた二匹の小魚が漆器の皿に並んでいます。卵と魚のすり身でつくった小さなケーキを桜の葉できれいに巻いたものが二個添えられていました。どの料理も芸術作品のような出来ばえです。二匹の小魚の料理は、先代の〔明治〕天皇のお気に入りだったそうです。酒からつくられる味醂という調味料で味付けされていて、箸で骨を取り除くとまるごと食べられます。

この料理をのせた小さな盆が配られる際、配膳する女性の明るい色柄の着物の裾が床に広がりますが、白地に青の模様が描かれた磁器製の徳利を収めた漆器をずっと手から離しません。

日本の祝宴は、こんな感じで進められていきます。

続いて、年配の女性がひとりまたひとりと姿を現わし、踊り手の女性たちも入ってきて、床に手をついてお辞儀をしてから、お酒を注いでまわります。小さな盃を差し出してお酒を注いでもらう客としての作法を私たちはすぐに忘れてしまい、周囲の笑いを誘います。誰もが互いの健康を祝して乾杯し、その都度、私の手は止まりますが、日本の人たちのお酒は延々と続き、盃をひと口で飲み干すと、さらに注いでもらおうと手を伸ばすのです。

会話には接待役の女性たちも加わって、ますますにぎやかなものになります。日本で唯一興味をひく女性の集団、と誰かが評していました。どう見ても、この場に人妻は私ひとりですが、女性たちは美しいうえに洗練されていて、ちょっと声がかかったり、手の動きを見るとすぐに反応して、客の欲しているものをすばやく理解し、機嫌よく動きまわります。私たちが酒を飲んでいないと見るや、ミネラルウォーターの瓶がたくさん運ばれてきます。さらには、美しい踊りまで披露してくれるのです。

十七歳前後のふたりが「京都の東山のたそがれ」という踊りを舞いました。名古屋にも、東京にも、あるいはどの土地に行っても、身のまわりの自然にまつわる芸能がかならずあり、素朴さのなかに古い由緒が感じられます。次に、名を知られている年配の踊り手が、「子供を寝かしつける乳母」を演じて踊りました。お気に入りの演題とのことで、深みの感じられる踊りでしたが、私たちには理解がおよばない場面も時々ありました。

芸者さんたちの着物は一般の女性と変わらない地味な色合いのものですが、ただひとりだけ職業柄を現わすような衣装の女性がいて、着物の襟ぐりが深く、長い裾を床の上に波をうつように広げています。若い女性たちが結ぶ帯は形が違い、弓のように床まで垂らしています。頭にはきらきらと輝く髪飾りをつけて、両袖も大変長くしています。一般の若い女性の訪問着も、袖が長いのです。

食事に話をもどすと、魚料理にはいろいろな添え物がありました。苺四個、薄く切ったオレンジ二枚、サイコロの形に切られたミント味のゼリー、メニューの中頃で出された甘い味の筍の薄切りなどです。魚料理はさらに続き、色鮮やかで身のひきしまった貝が多く出され、きゅうりのサラダと蟹の和え物もすごくおいしいものでした。

最後に、ご飯を盛る小鉢が、大きな漆器の盆にのせ、布に覆われて運ばれてきます。ご飯を盛るのは年配の芸者さんの仕事ですが、これを手渡された若い芸者は、踵《かかと》に体重をのせて座ったり中腰になったりして、給仕の仕事をくり返します。日本人の多くは、山盛り三杯が普通で、あっという間にたいらげてしまいます。ご飯はとてもおいしいのですが、私は一杯を、ゆっくりいただくしかありません。ご飯を食べ終えると、小鉢にお茶がなみなみと注がれます。

祝宴の間、部屋のあちらこちらからひとりまたひとりと近よってきてはひざまずき、「桜踊りは気に入りました?」、「日本の第一印象はいかがですか?」と声をかけられます。芸者さんとも親しくなって、「ありがとう」「とてもすてき」「さよなら」だけで心が通じて笑みが浮かび、時折、英語をほんの少し理解する人の通訳も入ります。外国人に日本語を片言でも覚えさせようとする人はひとりもいません。ですから、たどたどしく二言三言でも口にしようものなら、笑い声に包まれて拍手喝采を受け、発音をほめられます。

今晩出されたある料理のなかに、野菜として調理された小さな緑色の甘唐辛子が三本入っていました。いい香りがして、ヘアピンくらいの大きさです。料理は少しずつとるようにして、初めのほうで出される料理を食べすぎてはいけない、とよく注意されます。

軽めの夕食の場合は、最初の魚料理と一緒にご飯が出ます。いろいろな調理法を見られてうれしいのですが、次に控えている料理を考えて、食べすぎないよう忠告されます。言い忘れましたが中間あたりで、ミルクの代わりにダシ汁を使い、野菜の入った暖かいカスタード〔茶碗蒸し〕が必ず出ますが、これもすごくおいしい。魚料理が大の好物になりました。

私たちの乗る車が料亭の玄関にさしかかると、雨が降るなかを芸者さんたちが勢ぞろいして、いつまでもアメリカ式に手を振っていました。疲れきった体で座敷に戻り、男性たちのために踊りを続けるのだろうと想像しました。宿舎に着いたのが八時半。外国からの賓客を招く場合は別として、日本の晩餐会は早めの時間から始められるようです。進め方といい時間といい、私たちに合わせてくれたのです。

日本産の最高のお茶は、宇治という京都に近い土地で採れるものに違いありません。京都市庁舎で開催された講演が終わってからいただきました。これ以上はないほど濃いお茶ですが、無類の香りを満喫しました。レモンのような酸味がありますが、苦みはまったく感じません。辛口のシェリー酒にも似た滑らかな味わいで、誰の口にも合いそうです。日本では安くても、一ポンド〔約四五〇グラム〕あたり十円しますが、少しお土産に持って帰りましょう。ごく普通のお茶は、一ポンドで十五銭、換算すると七・五セントくらいの値段です。

京都発　四月二十二日

今日はいくつかの学校に案内されました——最初に男子校の高等学校、次に小学校を訪問しました。小学校の入り口には私たちに敬意を表して、アメリカの国旗が日本の国旗と並べて掲げられ、とても感激しました。低学年の生徒たちがリズミカルな行進にあわせて日本の太鼓を上手に打つなど、みごとな演技をたくさん披露してくれました。

その後、衣装デザイン、織布、染色などを学ぶ織物系の訓練所を訪ねました。原因はわかりませんが、応対がひどくていい感じがしませんでした。置かれている機械は古びた旧式のドイツ製。教育に熱意があるとは思えない数人のドイツ人の助手として生徒が扱われている印象でした。訓練所には水力を応用した発電機がありますが、最良の制作品はすべて、手仕事によるものでした。

次に向かったのは、女子大学の付属高校。高校教師の養成を目的として設立され、京都の優等生が通っていますが、すばらしい教育環境です。家政学を専攻する生徒さんが用意してくれた日本料理の昼食をごちそうになりました。今日の日程もすべて、市長専用車での移動です。

日本は、学者が敬意の的となり、軽んじられることのない国です。帝国大学で講演した私は、公式の場では「閣下」と呼ばれます。

京都への対抗意識が強い大阪市でも教師を前に講演をする予定です。ホテルで市のもてなしを受ける予定になっており、市長からは花束が届くはず。もちろんママはその場に同席する唯一の女性で、面々の奥方が招かれることはないでしょう。外国人の女性は、なにか場違いなことをするのではないかと思われているらしく、応接態度は非常に丁寧です。

芸者さんは、あらゆる方面の教育――本では学べないさまざまな知識や積極的に会話に応じる能力を身につけるという意味での――を受けている唯一の女性集団のように思えます。男性たちが宴会に出て、芸者さんとの会話を愉しむのは、あまりに従順でおとなしい妻君にあきあきしているからでしょう。

以前、宴会で出会った女性は「蝶々夫人」の歌い手として名を知られ、「憲法」という綽名《あだな》で呼ばれていました。政治、とりわけリベラルな陣営に関心が強いと思われてのことです。政治的理由で投獄されたことがあると知り、驚いて調べたところ、彼女が支持する男性への投票を依頼する買収工作の容疑でした。彼女は地元ではよく知られた人物ですが、投獄は知名度と名声をさらに高める結果になりました。

中国に向かう熊野丸船上にて　四月二十八日

昨日の講演は、いままでよりもうまく話すことができ、ほっとしました。ある学校の集会場で開催されたのですが、どの教室も整理整頓が行き届いていました。演壇の横に置かれた色鮮やかな躑躅《つつじ》の花と松の木を視界に収めながら話す、愉しい二時間の講演でした。いずれも一・五メートルほどの高さですが、形が美しく、躑躅は千を数えるほどの花を咲かせていました。アメリカの盆栽の植木についてはほとんど知識がありませんが、日本で見たものに比べるとずっと小さく、形も劣っていて魅力がないように思えます。

日本では、どんな小さな店に入ってもスモモ、松、躑躅などの鉢が置かれてあり、周辺に置かれた商品が見劣りしてしまうほどです。ある温室では、スモモの実がふたつ熟していましたし、たくさんの実をつけた小さなミカンの木もよく見かけます。白桃は最もおいしい果実のひとつですが、薔薇によく似た花に人工授粉をしているとのことでした。

霧は晴れ上がって、海べりの山々がよく見通せます。船の反対側には淡路島が見えて、ふたつの島の間を進んでいる感じが、セントローレンス川*のサウザンド諸島めぐりを連想させます。多分、瀬戸内海に入ったのでしょう。雲の切れ間から、陸地が間近に見えます。

甲板には日本人の夫婦連れが大勢いて、船旅を満喫しているようです。夫人たちの化粧した白い顔と羽織haoriの紫色のとりあわせが目をひきますが、船の上では帯obiを隠す羽織を脱いでいるので、おしゃれな東京に比べると少し猫背の姿勢が気になります。伝統を守って足袋を履き、くるぶしから上は素足という足元はすてきですが、露出が過ぎないように歩く必要があり、着物の裾の乱れに気をつけなければいけません。足袋は足の親指と他の指を分けているので、裸足の感覚で歩けます。履いた瞬間に、つま先を自在に動かせる感覚が伝わり、歩いても足にぴったりして脱げません。

木綿の着物ひと揃いを中国行きの荷物に入れてあり、暑い日の部屋着にして、足袋を履こうと思います。帯をしめなければ、薄手の生地で仕立てた着物が暑さしのぎになります。透けるくらいに薄手の絹の布は、日本の織物のなかで最も美しいもののひとつですが、何年着ても型くずれがしないという丈夫な生地です。

芸者さんの着物は、身分の高い女性の礼服によく似ていますが、裾の柄に黒が使われている場合は、特にそう見えます。まだ八歳か九歳にもならない少女の場合は、いじらしい感じもしますが、着物や髪形は念入りに仕上げられています。桜が咲く季節には、光沢のある青緑がよく使われます。大阪では、色鮮やかで金色もまじる蝶々の飾り物が目をひきました。

〔訳注〕＊　カナダの同名の湾に注ぐ北アメリカの大河。二千近くの島が点在する。

三味線をひく女性は年配者で、黒か無地の青を配色した地味な服をまとっています。対照的に太鼓を打つ女性は若く、着物の色合いも華やかです。少女たちの口元は虫歯がひどいようで、黒く染めているのかと訊ねたほどでした。踊りは、とても繊細な事柄を主題とするもので、詩的な想像力をかきたてられます。着想といい演技といい、雑なところは一切ありません。

芸者さんは私利私欲が片鱗もない人たちだと言われていますが、日本人女性全体に通じるように思います。勤勉に働きながら、家事にともなう苦労を微塵も感じさせません。私の考えを問われるたびに、日本人女性は担っている仕事を正当に評価されていない、と答えてきました。「いや、そんなことはありません。態度には出さなくても、心の底では感謝しています」と男性からは言葉が返ってくるのですが……。

中国からの手紙　（一九一九年五月〜八月）

上海発　五月一日

中国に来て、ひと晩を過ごしただけ、第一印象もなにもありません。中国の姿は、まだまったく見えていません。

上海をミシガン州のデトロイトと比較してみると、石炭の煤煙の少なさを別とすれば、似通ったところが多いようです。上海は正真正銘の国際都市と言われますが、開発がどれほど進んでいるのか、見当がつきません。郵便局付近の街並みを見れば、国の内情の一端が観察できると思い、昨日、自動車でちょっと外出したのですが、中国人街《チャイナタウン》に入るには許可証が必要とのことで引き返しました。

悠久の歴史を誇る中国で、日本と同じように自由に「永遠の時」について語り合えるものか、興味があります。日本の実証可能な歴史は五世紀頃に始まりますが、神話の世界は紀元前五世紀までさかのぼり、実に長い歳月を堪えてきた国です。千年もの間、歴代の天皇による鎖国状態が続き、殺戮と権力交代が大きな混乱もなくくり返されてきた事実は、子供たちにすべて教えられ、外国人向けの本にもかならず書かれています。自国の統治権が絶えることなく継続してきた歴史を日本人が信じているのは当然のことですが、厳密にいうと、知的理解にもとづくものではなく、情緒的かつ実用的な観点からのようです。

愛国的神話に関連する問題を筆記試験に出すことは教師の立場に有利に働きます。ところが、大学で歴史を教える教授たちは、こうした神話への批判を講義の場で表明しているようです。大阪の高等小学校で歴史と道徳の授業を五回ほど見学しましたが、かならず天皇をめぐる議論が交わされていました。あるクラスでは特定の天皇をとりあげてその功績について議論し、別のクラスでは天皇の存在そのものについて論じあっていました。こうした熱狂的な信仰は、ばらばらに分裂した国を一体化させるために多少なりとも必要とされ、他に頼るべきものがなかったのです。天皇は統一的な近代日本の一種の象徴となりました。

小学校教師のほとんどが熱狂的な愛国主義者と見られています。火事が起きたときに、天皇の写真を持ちだそうとして焼死した、あるいは教え子を死なせてしまった教師が複数いますが、愛国心がこうした行動を促すのであって、生計費を得る俸給への代償ではありません。

上海発　五月二日

数人のアメリカ留学体験者による歓迎委員会が結成され、準備にかかっています。「留学帰り」は、中国では特定の範疇に属する人々ですが、かれらの貢献も加わって中国が自力で立ち直るなら、アメリカの大学はその栄誉をともに喜ぶことでしょう。

歓迎委員会の面々が、私たちを紡績工場と織布工場に案内してくれました。日本で横行している労働法規への抵触はまったく見られず、六歳の児童が雇用されていますが多くはありません。紡績部門の熟練工は主として女性ですが、その賃金は一日あたり三十セント、ちなみにメキシコの最高額は三十二セントです。織布部門では、静かな労働環境が保たれ、賃金水準は四十セントに達します。

午後、私たちがとった食事について、詳しく書くことにしましょう。最初に、ホテルで本格的な昼食をいただいてから新聞社に行き、四時頃までお茶とケーキを愉しみました。その後、満州出身で指導的な政治家の娘さんのお宅を訪ねました。纏足《てんそく》をしていますが、十人の子供さんを生み育てている女性です。富裕層の間でいまも続いている一夫多妻制を支える内縁関係の廃止を目指すエッセーを募集し、優秀作品に懸賞を出したこともある方です。

このお宅でいただいたお茶は、ふたりとも口にしたことのない珍しいものでした。小さなケーキの形をした二種類のミートパイは独特な味わいがあっておいしく、その後にいただいたケーキも格別でした。それから、夕食を予約しているレストランに向かいました。別のホテルに入ってしまい、待っている間にお茶も出されましたが、私たちが勘違いに気づいて立ち去るときになにも言われないことに驚きました。こうしてなんとか道路の反対側の予約済みのホテルに着いたのでした。大通りと四十二番街の交差点に建っているホテルに隣接して大屋根の庭園がありますが、いずれも周辺の土地を所有するデパートが経営しています。

人間は自分の記憶よりたくさんの量を食べているものだ、という説は人間性についての冷静な指摘かも知れません、私たちの昨夜の体験はまさにその通りでした。

最初に案内されたのはすべて中国家具で統一された部屋でした。すごく小さな円卓が部屋の真ん中に置かれ、壁際には、合唱する少女たちの座る丸椅子がずらりと並んでいます。場慣れしていない少女たちは腰かけず立ったまま、恥ずかしがっていまにも逃げ出しそうな感じです。サイドテーブルには、殻を剥いてないアーモンドの小さな実が置かれてあり、口にするとアメリカ産のものよりおいしく、甘みがありました。西瓜《すいか》の種を干したものもありましたが、殻が固くて私は遠慮しました。中国の皆さんはおいしそうに少しずつ、かじっていました。

ニューヨークに留学経験のあるふたりの女性が来ていました。全員が熱心に英語を話し、理解しようと耳を傾けています。円卓には、スライスハムを細かく刻んだものや、固いゆで卵のような歯ごたえで、黒ずんだゼリーに似た保存卵〔ピータン〕の他に、お菓子や小海老を盛った小皿がたくさん並べられていました。私たちが箸を使おうとすると、周りの皆さんからスプーンで小皿に移すようにすすめられます。

ふたりとも経験したことのないようなごちそうが続きました。ボーイさんが次々と小皿を交換し、テーブルの中央に新しいお皿を積み上げていくので、これを手にして料理をいただきます。ぜいたくな料理の見ばえを良くしようと特別な食器類が使われていたわけではありません。日本なら、どうだったでしょう。

鶏、あひる、鳩など鳥の肉に続いて子牛の肉、さらに鳩の卵、スープ、魚などが出されました。なかでも、海底で採れた小ぶりの牡蠣は美味をきわめ、野菜と筍などを混ぜ合わせて調理したものも結構な味わいでした。海老や鱶《ふか》ひれの料理に続いて、燕の巣も出ました（極上のスープはすごく高価なものとして評判）が、ほとんど溶けてゼラチン状です。この他にも、いろいろな料理をいただきました。

うす汚れた白衣を着て、古びた帽子をかぶったボーイが、料理のコースが変わる都度、いい香りのする熱いおしぼりのタオルを配ってまわります。デザートには、アーモンドなど豆のペーストをつめた小さなケーキや甘いお菓子をいただきましたが、どれもこれも丹精をこめてつくられ、芸術作品のような見ばえでした。ただし、私たちには味が薄くてもの足りない感じでした。

その後、食べやすいように細かく切って爪楊枝を刺してあるバナナ、林檎《りんご》、梨などの果物をいただきました。次に、魚の内臓でつくったスープが出て、さらに、これにまさるおいしさを想像できないほどのプディングをいただきました。素材のお米のなかに、なにかよくわからない八種類の材料が入っているのですが、味覚としては一体化しています。

このお皿の前に、牛乳を煮つめたような濃厚なソースが半分くらい入っている小鉢が出されたのですが、すりつぶしたアーモンドが素材でした。このソースにプディングをひたしていただきます。口のなかで溶けてしまうのが残念なほどおいしく、調理法を教わるつもりです。

上海発　五月三日

自分が周囲からどう見られているか、いつも気にしている日本人と違って中国人は一切お構いなし、とある人が中国に向かう船上で話していました。こうした比較論議はよく耳にしますが、危うい面もあります。中国人は騒々しいとは言わないまでも至ってにぎやか。無精でだらしない面もある一方、総じて思いやりが深く、日本人より寛大で、どんな角度から見ても、おおらかさが感じられます。

最も驚かされるのは労働者のなかに、理解力に富むだけでなく、知的能力の高そうな人が多いことで、ホテルのウェイターや案内係もその例にもれません。私たちを担当するウェイターは優しげで、容姿端麗そのもの。詩人を思わせるような青年です。今日は学校の教員を前に講演したのですが、パリのラテン・クウォーターで見かける芸術家タイプが多いことに気づきました。日本の印象は徐々に薄れていきますが、私が称賛する日本人の美質に君たちが閉口する可能性はあります。あの小さくて山の多い島国で日本人がなし遂げた数々の業績は世界が驚嘆して当然ですが、やや大袈裟に語られています。一貫した傾向があるようで、芸術のもたらす効果を称賛する一方で、芸術と模造品の差は紙一重とも見ています。日本人の前のめりの歩き方が、「しつこいほどの」気づかいと同様に、神経にさわることもあるでしょう。

ある中国の友人が語った言葉に同感します。
「東洋は空間を効率的に利用し、西洋は時間を効率的に活用する」
――ありきたりの警句《エピグラム》よりもずっと真実をついている言葉です。

上海発　五月四日

ある中国人女性について書きます。纏足をしている小柄な女性ですが、その方のお店で夕食をいただきました。料理は使用人に運ばせて、ご自身は厨房で調理に専念し、食事が終わると姿を現わしました。中国人特有の穏やかな顔は丸々として、色つやも良く、見方によってはなかなかの美人ですが、当然のことながら歩くのはゆっくりで、体が揺れ、ぎこちない動作でした。

昨日、講演の後、その料理店を再度訪ねると、彼女は自分の居住スペースをくまなく見せてくれました。手入れが行き届いており、私たちにはあまり便利とも思えませんが、中国では近代的な部類に入るのでしょう。階段をのぼると小さな屋上に出るのですが、物干しや休憩に使う場所です。

浴槽は鉄板を加工したもので、アメリカのクリーニング店で見かけるような小型ストーブで沸かしたお湯を流しこみます。中国には下水道が普及していないので、使ったお湯は排水管から地面に流します。厨房には、箱を積み重ねた上に設置された鉄製の小さなかまどがあり、薪を燃やします。コンロは三口あって、ふたつある大きめの浅いほうは焼き物や煮物に使い、中央にある深いコンロはいつでもお茶を出せるように湯沸かしに使用します。両端のコンロの火の先端部が、中央のコンロに置いてある鍋・やかんを熱するしくみです。

中国人が社交性の高い人たちであることは間違いありません。この女主人のご亭主は、際立った才能と進歩的な思想の持ち主ですが、そのご当人がさまざまなことをありのままに教えてくれるのも驚きです。わたしたちが学校を訪問した際、教員である彼は、お決まりの教育課程を見せようとはせず、事前の調整もしませんでした。昼食は外でいただいたのですが、まだ外国人が入ったことのない中華料理店に私たちを案内してくれました。

昨日はふたりでデパートに行き、手袋と靴下留めなどを買いました。カイザー社製の手袋をはじめ、靴下、靴下留め、サスペンダーなど買ったものはすべて輸入品でした。手袋の値段は一ドルから一ドル六十セント、サスペンダーは一ドルでした。

ママは、四十センチ幅の絹の布地を少し買いました。一ヤード〔約九一センチ〕あたり五十セントです。店の中は散らかっていて、床の汚れが目立ちましたが、現地の人々には人気があります。イギリス価格一シリング六ペンスと表示のある本を、三ドルで購入しましたが、概ねこんな水準です。良質で安価な手袋と靴下は日本製ですが、高級な絹のストッキングが一ドル六十セント。ただし、中国人は日本製でなく、アメリカからの輸入品を好むようです。

以前、綿織物工場を見学しました。中国製の木綿と絹の布地は質が落ちますが、その原因は、科学を応用した生産方法を導入せず、綿の種子を適切に管理していないことにあります。織りの工程でも、中国産の綿糸とアメリカ産の綿糸を取り違えることがよくあるようです。

上海発　五月十二日　月曜日

北京の大騒動はとりあえず鎮まったようで、北京大学校長は要塞を守り、学生たちは釈放されました。政府系報道機関の論調は、男子学生の児戯に等しい行動を寛大にとり扱うよう要請する日本政府の意向が多少なりとも影響しているというものです。新聞報道によれば、日本製品の不買運動は広がりつつありますが、民衆の同調が長続きするか危惧しながら、当面、中国で日本の通貨は使用不能とも伝えています。

東洋世界は、男性的文化がいかなるものであり、どんなことが起きるかを示す格好の事例を提供してくれます。問題は、女性に対する支配が、女性だけに影響する事柄であるかのように議論を限定するところにあるのです。家庭内および教育面における中国の後進性だけでなく、健康面の不安の増大と政治的腐敗の蔓延さらには公共心の欠如も加わって、女性の地位の低下をもたらし、中国を国際的な笑いものに貶めている、と私は確信します。

日本にも同様の腐敗がはびこっていますが、組織的なものです。つまり、二大資本家集団と二つの指導政党の間に提携関係がなり立っているように思われます。日本には際立った公共的精神が見られるのですが国家主義的傾向が強く、わたしたちの理解では、公共心というより愛国心というべきものです。中国が弱点を抱えている問題で日本は強みを発揮している一方で、中国には女性の従属性がもたらす一連の欠陥が存在します――ただし、隠蔽されている弱点があかるみに出て、日本の立場を危うくする時期がいずれ到来することでしょう。

中国の側からみると、ふたつの問題があります。

あるキリスト教伝道者が中国人の信者に、日曜日の過ごし方について語りかけ、家族で読書会を催したり会話を重ねたりすることが、家族の結束を強める絶好の機会になると強調しました。すると、細君に終日つきあうのは退屈きわまりない、と信者のひとりが発言しました。

裕福な女性たちは――貧困層の女性と比べて、外出の自由がはるかに限られることは言うまでもないのですが――、仲間内の賭けごとで時間をやり過ごしているのだそうです。複数の女性を妻として養う法外な浪費が政治的腐敗の根本的要因のひとつ、と広く信じられています。

一方、北京で開かれたある政治的抗議集会で、政府当局に訴える十二人の代表が指名されたのですが、そのうちの四人は女性でした。日本では、政治について議論する集会への女性の参加は法律で禁じられ、厳格に適用されています。

アメリカに留学する中国人女性は、日本に比べてずっと多く、――おそらくその原因のひとつに、中国には女性が高等教育を受ける学校がないことが挙げられますが、高等教育を受けても結婚をあきらめる必要はないという事情もあります。実際に、外国留学を経験した男性だけでなく大富豪の間でも、高等教育を受けた女性は引く手あまたのようです。女性の教育については、日本よりもはるかに進んでいることは確かです。

「先のことは誰にもわからない」という言葉を、中国でよく耳にします。八日の夕刻、北京大学の校長〔蔡元培〕が内閣によってその地位を追われ、暗殺される危険さえありました。北京市内に動員された兵士（無法者集団）が大学を包囲するなか、校長は自分の安全よりも大学の存続を優先して大学を離れたのですが――その後の行方はわかりません。学生たちの釈放は電信で伝えられたのですが、内容の公表を学生側は拒みました。

校長は、私が考えていた以上に、リベラル陣営を知的に指導する立場にあるようで、政府側はその存在を深刻に恐れています。校長の在任期間は二年足らずですが、以前は、学生の政治的示威行動は起きていなかったのに、いまや、学生が新しい運動を牽引する役割を果たしています。政府の反動的対応は必至ですが、そうなると学生は大学を去り、誠実な教員は全員が辞任する事態も考えられます。おそらく、学生たちは中国全土にストライキを広げることでしょう。

しかし、先のことは誰にもわかりません。

火曜日　午前〔五月十三日〕

前大総統の孫逸仙〔孫文〕は哲学者だ、と気づかされたのは昨夜、氏と夕食を共にしながらのことです。まもなく出版の運びとなる著作〔『孫文学説』〕のなかで、彼はこう述べています。

中国人の弱点は、ある古代の思想家の所説——「知ることは易しく、行うことは難しい」——を是認していることに起因する。その結果、行動することを忌避しながら、完全な理論上の理解への到達が可能であると考えるようになった。これに対し、日本人の強みは、よくわからない場合でもまずは行動し、突き進み、過ちを重ねることによって学ぶことにある。中国人は、行動が過ちにつながることを恐れて身動きがとれずにきた。

行動こそ認識より易しいものであることを中国の人々に立証するために、孫逸仙は一冊の本を著わしたのです。

中国に身を置くアメリカ人の心情として、中国から日本への外交政策の転換を決定づけてしまう〔ベルサイユ〕条約を、合衆国議会上院が否決することを期待します。会話のなかで言及されたふたつの事柄に触れておきましょう。日本は、二十三師団で編制される大きな軍隊を有しており、国内に配備するより多くの兵器が中国にあります。日本は中国を支配下におき、満州をすでに属領化しており、中国への二億ドルの援助は軍備の強化・拡大に使用されてきたのです。

昨夜の会話によれば、日本は軍事目的の援助として、二十年間にわたり毎月二百万ドルの貸与を中国に申し出ています。日本は世界大戦が一九二一年か二二年まで続くとの見通しのもとに、攻撃的かつ防衛的な同盟関係をドイツに提案しており、これによれば、日本は訓練された中国軍をドイツに提供し、ドイツは同盟国が中国国内に有する居留地と植民地を引き渡すことになります。信義の証として、ドイツはすでに中国にある領地を日本に提供し、この事実をイギリスに伝達しました。これを機にイギリスは、大戦終了時にドイツの領地を日本に引き渡すことに同意する密約に署名したのです。いずれも愛国主義的強硬外交論の立場ではなく、自分たちの主張の核心を把握しており、信頼できる情報源も確保しています。

こうした主張のなかには周知の事実もありますが――軍隊の規模とか二百万ドルの融資など――、その真偽のほどは私にはわかりません。とはいえ、密約や秘密外交の存在を知ったうえで条約を否認することに十分な価値があるのかも知れない、という見解に私は近づきつつあります。一方、正真正銘の国際連盟――一定の法的拘束力を有するもの――は、私が知る限り、東洋の全般的な状況を救済できる唯一の道であり、私たちがアメリカでは実感できないほどに重みのある問題です。仮に、事態が五年あるいは十年と流動的なままで推移するなら、世界は日本の軍事支配下にある中国の姿に直面することになるでしょう。――ふたつのことがなければという前提です――ひとつは、日本が重圧に耐えられずに崩壊すること。もうひとつは、アジア全域がボルシェビキ化してしまうこと。私の考えでは、中国が日本化=軍国化する可能性と五分五分です。

中国をめぐるヨーロッパの外交的手腕はアメリカより優っているものの、まったく成果を生んでいません。イギリスはインドに関連することではあらゆる手管を尽くしていますが、すべてが一時しのぎでのらりくらりと、いわば楽観的な長期見通しに立ち、内輪もめが絶えません。こうしたなかで日本だけが自らの野望とその行く末を理解しているのです。

私は日本で展開されているリベラルな運動の純粋さをいまでも信じていますが、その運動は精神的勇気に欠けています。日本のリベラル派知識人が、本当の事実に関する知識に欠けている点は私たちと同じですが、その無知な状態の温存を図る勢力の存在については十分認識しています。強烈な愛国心は自己防衛に終始するという見解の正当性は、ヨーロッパ諸国の略奪的な先例が証明しているところです。

上海発　五月十三日

昨日の手紙は、郵便集配車の発車時間が気になり、中断してしまいました。伝えたかったことを以下に書き継ぎます。

中国には活用されていない資源が豊富にある一方で、非常に多くの人口を抱えています。工場は早朝の六時に始動しますが、貧しい人々の収入は十分でないにもかかわらず、長時間労働を好まない傾向があります。工場は二交代制の二十四時間稼働。労働者の収入は一日に二十セントから三十セント、児童は無給の場合もあり、高くて九セント、少し成長すると十一セントといった水準です。

鉄鉱石は使用されず、石炭・石油の開発が遅れているので鉄道を敷設できません。あらゆる分野で木材を燃料源としているので森林が伐採され、国土は荒廃しています。陶磁器製品を世界に輸出している一方で、食器類は日本から輸入しています。品質の劣る綿花を栽培し、綿布は日本から輸入します。日用の雑貨類も一定量、日本から輸入しています。中国のどの町でも日本人の姿が見られ、魚群をとりこむ包囲網が仕かけられているかのようです。

中国の鉱物資源はすべて日本人の餌食《えじき》となり、北京政府との贈収賄を背景に、販売額の八割を日本側が確保しています。中国人に訊ねると、中国には輸送機関がないので発展は望めないという答えが返ってきます。話題が鉄道建設におよぶと、中国には鉄道が必要だが、資源に乏しいので不可能と聞かされます。

厨房のコンロで燃やす雑草を道路端からかき集めるのを見たので、燃料資源について訊ねると、政府に妨害されて中国は自国の鉱山を採掘できないという答えが返ってきます。上海から十五キロメートルあまりの場所に大きな石炭鉱山が複数あり、地表面を掘るとすぐに炭層が出てきますが、長江の堤という場所にありながら、採掘しているのは日本企業だけです。鉄鉱山も長江の近くにありますが、鉱山全体を日本企業が管理し、海洋船を長江に引き入れて、採掘した原鉱石を日本に直行する船に積みこんでいます。すべての工程を担っている中国企業には一トンにつき四ドルが支払われるだけです。

政府に託された中国の最後の望みは、当地でも数週間にわたって精力的に取り組まれた講和会議の終結とともに潰えてしまいました。中国南部から派遣された代表団は全権を行使したようです。北部の代表団は、北京から派遣された陸軍大臣の顔色をうかがってばかりで結局は、仕事を投げ出す始末。絶望感はますます深まり、なにひとつ達成できていないと誰もが口をそろえて言います。

私たちは、アメリカで広まっている誤った中国の印象に関連してさまざまな提言を行い、民衆と政府の間にある意見の相違をくり返し説明するなどしてきました。ところが決まり文句のように返ってくる反応は、「私たちには、なすすべがない。頼るべき資金がない」というものです。

現状、中国人が誇りを失っていることは確かです。中国駐在のあるアメリカの役人は、日本を含めた強大国の庇護のもとに入らなければ、中国に希望はないと言います。日本の餌食になる以外に道はないと言わんばかりです。

日本は上海をはじめあちこちの都市で、最良の土地を産業用に購入しています。また、他の国々から借り入れた資金を過酷な条件で中国に貸し付けています。山東省の割譲が混乱を誘発したことは言うまでもありませんが、中国人のなかには、最後の希望が窮地に追いこまれ、憤激が民衆に火をつけることになると考える向きもあります。日本の商品と資金に対する排斥運動《ボイコット》が始まりましたが、長続きはしないという見方が多いようです。食料と衣料品の欠乏によって、誰もが生活の糧をめぐる争いにまきこまれ、それ以外のことは考えられない状況が続いています。

学生たちの声を代弁する大学教授陣の抗議書の大部分は、政府に受理されたようです。学生たちはやや不利な状況にあり、国内すべてのカレッジと中等学校に在籍する学生のストライキも予想されます。

上海のセント・ジョンズ校——名門の聖公会ミッションスクールの付属校——の逸話に興味をひかれます。スクールの生徒たちは猛暑のなか、上海まで十五キロあまりの道のりを行進して往復しました。日射病で倒れる生徒も出ましたが、夕刻に帰着してから演奏会に足を運ぶ生徒がいました。その日は、〔五月九日の〕国恥記念日にあたり休校でした。日本の二十一か条要求*を受諾した日を記念するもので、すべての学校で関連する行事があります。全学集会で中国のあり方についての議論が交わされます。生徒たちは、校長が参加を命じる演奏会会場の出入り口の外に立ち続けて、国恥記念日に演奏会はふさわしくない、この場で祈りを捧げると主張しました。すると、ミッションスクールの校長、さらには大学の校長から、中に入って演奏会に参加するよう指示されたのです。大きな騒ぎが起こりました。

生徒たちの言い分は、十二使徒がキリストの死に祈りを捧げたように、自分たちは中国のために外に立ち続ける、今日の記念日はキリストの死を記念する日に等しい、というものでした。会場の中に入らないなら学校から退去させる、と校長は宣言し行動に出ました。生徒たちは朝まで立ち続けて、近くに住む生徒の家に移動しました。その後、セント・ジョンズ校は閉鎖され、校長は譲歩する姿勢を見せていません。

日本が他の諸国と異なる反応を示した場合には、国への背信行為を働いた大臣を中国の人々が売国奴呼ばわりして排斥運動に立ち上がったのと同様の光景が再現されるように思えます。こうした憎しみの感情に、私が会ったアメリカ人の誰もが共感を示しています。講和会議の開始以前に日本が公約していたドイツ租借地の中国への返還を白紙に戻したことを、アメリカは忘れてはなりません。こうした一連の事実、さらには中国の極度の貧困については、私も中国に来るまで考えがおよびませんでした。

いかめしい顔つきの頑固そうな年老いた行商人が毎日のように姿を現わし、ほとんど同じ所作をくり返します。たとえば、十四ドルで売りたいビーズのネックレス――銀色のエナメルがまばゆい――を、四ドルで売る結果になっても喜んでいるように思えますが、断言はできません。それどころか、行商人は異様に暗い表情をして、この取引で苦い思いをするのは自分だと口にするのです。値引き交渉にうんざりして、私たちが立ち去ろうとすると、とてもおかしなことが起こ

〔訳注〕＊　一九一五年、中国における権益拡大を意図して日本が袁世凱政権に突きつけた二十一か条の要求。反日運動を高揚させる要因となった。

りました。彼の身のこなしと動作は一流の役者のようでした――言葉ではなく、態度でこう伝えてきました。「親しく接してくださる方とは仲良くしたいので、私の持っているものはなんでも譲りましょう」顔を紅潮させ、とびきりの温和な微笑みを浮かべながら、私たちの言い値で品物を手渡してくれたのです。

昨日、学生の委員会が集会を開き、次のような電文を政府に発信することを決議しました。――自分たちの掲げる四項目（講和条約調印拒否、賄賂をもらって日本との密約を交わした売国奴の処罰など）の要求が認められない場合には、週明けの月曜日にストライキを決行する――という文面です。しかし、この決議は少し控えめなように私には思われました。その日のうちになんらかの形でストライキに入る準備が進められている、という噂が午前中に流れていたのです。

学生たちの怒りの矛先は、野外集会の開催を禁止した警察に向けられ――当然、要求事項のひとつに挙げられています――、さらには省議会が、教育上の援助を約束した後で、自分たちの俸給を引き上げ、少額の教育基金を取り崩してその財源とする行為に出たことも糾弾されました。

同じ時期に、別のある地方では、学生たちが立法府の議場に押しよせて大混乱となりました。この地方には抗議委員会が結成されていましたが、学生たちは怒りにかられて大胆な行動に出たのです。私の見るところ教師のなかには、教え子の運動目標だけでなく行動形態まで含めて全面的に支持する者が現われました。学生たちに計画的な行動を促し、可能な限り組織的・系統的に取り組むよう試みることが自分たちの倫理的義務である、と考える教師もいます。一方、中国の古き良き環境が、良き決断をもたらすとは限らないと考える教師もいるのです。

時と場合によっては、経験不足で慣例も知らない未熟で世間知らずの若者たちが中国を救出する役割を担わなければならないのか、と外部の人間には思えてしまいます。恐ろしい仮定であり、想像です。実行力と積極性に富む日本人が、自分たちこそ中国を統治するよう運命づけられていると思いこんでも驚くにはあたりません。

私は、好戦的愛国主義者Jingoでありたいと思ったことは一度もありません。しかし、アメリカが東洋の問題から全面的に手を引き、「私たちの仕事ではありません。自分たちで好きなように決着をつけなさい」と言うべきとも思いません。また、日本の侵略的な動きの逐一について日本のやり方にならい、積極的かつ攻撃的に説明を求めるべきとも思いません。日本が私たちに、防御にまわり弁明する立場を押しつける一方で、門戸開放について発言することを許すのは、不快のきわみです。日本はすでに中国におけるほとんどの門戸を閉鎖し、ポケットに鍵を貯めこんでいるのです。

私は、中国に在留するすべてのアメリカ人が発言している通りだと思います。すなわち、中国をめぐる日本の外交政策を支配している軍部関係者は、軍事力を背景とする積極的行動以外のすべてを不安定で脆弱ものとみなし、一段と動きを加速している、という見方です。抵抗する力に直面すれば、日本は引き下がることでしょう。軍事力を指しているのではありません。日本が野望を実行できないことを示す主張を強く積極的に展開することです。

現在、日本は排外主義的感情を扇動し、山東省が中国に返還されないのはアメリカとイギリスの責任である、という印象を中国の人々に植えつけようとしています。人種差別についての発言も目的は同じです。日本のスパイが、無知な人々の間でどれほどの影響をおよぼしているのか私にはわかりません。しかし商人階級は、外国の干渉に事態の解決を期待するほど追いつめられているのです。――まずは日本の拘束を緩やかなものにし、その後あるいは同時に、つまり同じことの裏表にすぎませんが、中国を思いのままに外国に売り渡している腐敗した軍閥を打倒しようというのです。これこそ国際連盟に期待される最良の仕事です。――ただし、この期におよんでも見通しがあやふやな国際連盟が、うまく事が運んで設立されたらの話ですが。

学生たちがくり返し提起しているのは――「恒久的な平和と国際主義を願う私たちの希望の一切はパリで無に帰した。力は正義なりの論理がいまなお有効で、強大な国家が弱小国家を犠牲にしたうえで望むものを手に入れている実態が明らかになった。中国が教育制度に軍国主義を導入することなどあってよいのか？」――という疑問です。

南京発　五月十八日

いま中国に身を置いていることをひしひしと実感する日々です。

杭州は最も繁栄した都市のひとつと聞いていましたが、市内を歩いてみるとよくわかります。大きな城壁に囲まれていて、その延長は三十五キロメートルとも五十キロメートルを超すとも言われますが、後者に近いように推測されます。そのうえ、城壁に囲まれた都市内に百万平方メートル前後の農場があるのです。

今日の午後、城壁の上まで案内されました。高さは場所によりさまざまで、低いところで五メートル弱、高いところでは二十五メートル近くもあり、幅は三、四メートルから九メートルです。固く焼かれた煉瓦《れんが》が積み上げられているのですが、一枚の大きさはアメリカ製煉瓦の三倍くらいありそうです。

かつての帝国や満州の都市などでは、巨大な城壁の内側に、比較的小規模な城壁に守られた都市があるのが普通でしたが、〔辛亥〕革命以降、こうした内壁は解体されました。満州人に対する優越感を誇示したとも考えられますが、煉瓦の新たな用途を見つけたこともあったのでしょう。一枚あたり三セントとか四セントで売られた煉瓦は、中国式の大きな手押し車に乗せて、あちらこちらに運ばれていきます。

いま訪れている大学の建物の外壁は煉瓦でつくられ、大学の構内には数千におよぶ煉瓦が積み上げられています。手作業で煉瓦の表面の付着物をかき落とす光景を見ていると、原材料と人間の相対的関係をめぐるさまざまな考えが浮かんできます。

今日の講演は、典型的な中国の風景について話すことから始めました。――森林を切り開いた丘陵の連なりが間近に迫り、その麓には墓穴が点在している様子が、動物の巣穴のようでもあり、ゴルフ場のバンカーのようにも見える風景。アイルランドかフランスあたりの田園を思わせる石づくりの農家の藁ぶき屋根。緋色の花を咲かせている柘榴《ざくろ》などが植えられた果樹園。葉が大きく伸びた稲田。果樹園の一区画では、十人前後の集団がメロン関連の作業に勤しみ、延々と伸びる城壁が遠方に見える。仏塔が立つ丘があり、湖には開花した蓮が浮かんでいる。はるか彼方には、青みがかった山並みが連なり、その麓には市街地が広がっていることだろうが、肉眼では確認できない。

あちらこちらと移動していて興味をひかれるのは、典型的な中国人の容貌を目にする機会がめったにないという事実です。ほとんどの時間、接する人々が中国人であることを忘れています。ただし、どこに行っても目にするのは、汚れて貧相ななりをした人々の姿ですが、ふざけた感じとは異なる陽気さが目立ちます。

遊戯施設や玩具、あるいは遊戯の指導者育成に数百万ドルを寄付できたらすばらしいと思います。「誰かにまかせておけ！」という中国の呪いの言葉に象徴される深刻な自発性の欠如は、子供の成長がかなり速い事実に関連しているとも考えられます。人口三十数万の都市である南京には百におよぶ小中学校がありますが、それぞれの生徒数は多くても二百人か三百人。道で出会う子供たちのいつもなにかを探し、じっと見つめている様子に賢さが感じられ、元気潑剌としていますが、驚くほど大人っぽく、真剣な面も見られます。

無論、多くの児童は紡織工場で働いていて、もっと幼い時分には糸巻き工場で就業しています。南京は絹の一大産地で、数百人の労働者を擁する官営工場も見学しました。少なくともその工場は、独立採算でまかなえているとのことでした。南京には電動の糸巻き機も紡織機もなく、ましてジャカード織機などありません。

時々見かける光景ですが、足で踏むペダルが六個とか八個付属している機械の上に、少年がひとりで座りこみ、あれこれと調整する作業にあたっています。足踏み式以前の手動の糸巻き機がまだかなり使われていますが、日本製よりもずっと精巧にできています。改良すべき個所がかなりあるうえ、それぞれが密接に関連しているので、部品交換は困難をきわめます。当地に滞在しているうちに誰もが多かれ少なかれ中国の流儀になじんで、中国人の気立ての良さを気に入り、すべてを受け入れてしまうのも驚くことではありません。

現在の政治的状況を憂慮する学生たちは、愛国的な連盟を組織化しながら、日本製品の不買運動などにも取り組んでいます。しかし、南京大学の教員たちは二、三の個別課題への取り組みには満足せず、包括的で野心的な行動計画の展開を訴えています。全精力を費やし、入念に検討された組織体がいずれ結成されることでしょう。あるいは、数多くの困難に遭遇し落胆する思いを味わうかも知れません。

上海の洋服店で出会った店員について以前書いたか、記憶が不確かですが、こんなことがありました。——彼は、現在の状況に対してなにも打つ手はないとありふれた宿命論的な態度を示した後で、不買運動は正しいけれども「中国人は意志が薄弱で、物忘れもひどい」と言ったのです。

漢字を書きこんだ麦藁帽をさまざまな場所でたくさん見かけますが、日本の製品なので通りがかりの人が来ると足を止め、脱いでしまいます。よく目にする日常のふるまいで、誰も異議を唱えたりしません。日本人が経営する商店の前には警察官が立ち、誰ひとり入店を許しません。日本人の商店を「防備」しているのです。これが中国特有のやり方です。非常に数の多い警察官は全員が銃剣付きの銃を持って、退屈そうにだらけた姿勢で立っています。他に唯一、時間をもてあましている様子を見せているのが、数えきれないほどの犬ですが、路面に体を長々と伸ばして寝そべり、なにが起きても動きそうにありません。

かつての国家試験会場を訪ねましたが、解体工事中でした。二万五千にも及ぶ小部屋がありますが、さまざまな等級の資格を目指す受験生が試験期間中に閉じこめられた場所です。小部屋の連なりは何本もの長い列になっていて、その頭上はさし掛け屋根。たいていの小部屋は顔を開放的な廊下に向けられる構造になっています。なかには隣接する小部屋の背面に向き合う形になっている場合もあります。部屋の幅は七十五センチ、奥行きは百二十センチ。壁にある二個所の出っ張りに長さ七十五センチの二枚の板を渡して、座席および机として使います。

受験生は、この小部屋で解答を書き、自分で簡単な調理をして食事し、睡眠をとります。雨が降らなければ、足を廊下に投げだすことも可能。三科目の試験は八日間続きます。八月八日の夕刻に開始され、十日午後まで、最初の科目の試験問題に取り組みます。十一日の午後に第二科目が始まり、十三日午後まで続きます。ここで休日が一日入り、十四日夕刻、小部屋にもどると第三の科目が始まり、十六日夕刻に終了します。

受験生は回廊に出て自由に会話できますが、外から施錠されている回廊の外には出られません。いかなる理由があろうと、外部との接触は不可能です。受験生の死亡事故も珍しくはありません。友人が回廊に入ることが可能なら、中国で一番の愚か者が解答用紙に代理で記入してもらい、合格して文学修士などの称号を手にすることになります。実際にこんな次第で、中国で名を知られた学者たちが誕生しています。試験への準備に行政は関与しないので、なんらかの手段を使って学位を手にすることがあり得ます。

試験会場に使われた建物は保存状態が良く、校舎への改造も容易ですが、実際には例がありません。行政がその場所に学校建設の命令を出したことはなく、解体されるか、事務所として使われます。中国の官僚主義がどれほど深刻なものか理解するには、実際に見聞するしかありません。

ある孔子廟を訪ねましたが、大きな建物を実際に活用するのは年に二回だけ。他の聖堂と同様に、長年にわたって降り積もった土埃があたり一面を覆っています。いつか君たちが中国の聖堂に立ち寄ることがあるなら、ほったらかしで荒れ果て、忘れ去られた遺跡に足を踏み入れたのではと錯覚するかも知れません。日曜日に、「魔窟の神殿」に行きましたが、案内してくれた紳士が彫像類に積もった埃の掃除を祭司に提言したところ、「実現できたら、いいですね」という答えが返ってきたそうです。

南京発　五月二十二日　木曜日

留学を終えて日本から帰国した学生たちは、日本への激しい敵意を抱いている一方で、アメリカ帰りの学生と全面的に対立しています。それぞれが別の団体を結成して、一堂に会することはありません。留学帰りの学生の多くは仕事に就いていませんが、その原因は明らかで、彼らが民間企業に入ろうとしない、あるいはどんな企業であれ、下積みからはじめようとしないことにあります。そのうえ、政府当局の側からは強い敵意が向けられています。

実業の世界の流儀を示す一例として、上海から四日間もかかる速達郵便のことを体験したばかりですが、本来は十二時間で届くもの。電報より速く届くので利用される速達がなぜ予定通りに着かないのか、心配しながら待つことになります。不測の事態が発生して、費用負担が生じるかも知れません。中国人は日本人のように、自覚的に小細工を弄して外国人を欺くことはしません。なかなか考えが定まらず、自分自身とお互いをいつもごまかしているのです。

いま滞在している建物は、鉄道駅から六キロあまり離れた場所にあります。路面電車は走っていませんが、多くの人力車と数台の四輪馬車があり、自動車はほとんど見かけません。先日、足を踏み入れた南京の旧市街は道幅が極端に狭く、他地区では見かけない椅子式の駕籠が主たる交通手段でした。

南京で人力車をひく車夫は、一台につき一日あたり四十セントを市に支払いますが、大変貧しい階層に属する人たちです。収入は生計費ぎりぎりの額にしかなりません。上海では一日九十セントを払って仕事につく権利を得ています。稼ぎは一ドルからせいぜい一ドル半です。

先日、ある若手の教授に私が、中国は怠惰な三つの階級の人々を扶養している、と言うと驚いた様子でした。その場に、社会状況に批判的な姿勢の学生がいて、三つの階級とはなにを指すのか訊ねられました。役人、僧侶、軍隊はそのような存在ではないかと私が指摘すると、確かにそうですと同調されました。

「いまではともかく、これから先は通用しない」この格言が、思考法においても行動面においても中国人に強く浸透しているようです。行動の場面では特にそう感じられます。

南京発　五月二十三日

政治的見通しの立つ人がいるとは思えません。目の前で起きている学生たちの運動には予測のつかない未知の要素が含まれています。私たちが見聞きしたこの三週間の動きについては、ことごとくそう言えます。

中国の政治については暗い話題しか聞こえてきません。腐敗し不誠実きわまりない役人、無法者の傭兵としか表現しようのない兵士、日本からせしめた金でその傭兵を集める将校、中国人の間に生まれない組織力と団結。

一方、学生たちはさまざまな着想をもとに事を運んでいます。活気に溢れ、突発的な混乱も生じています。街頭演説の指導を受けている百名ほどの学生集団があり、いずれ同じ数の行動拠点が市内全域にできることでしょう。愛国的なプロパガンダに呼応する兵士の動きも情報として耳に入ります。中国の窮状について学生から話を聞いた兵士が涙をこぼした、とある人が教えてくれました。日本に引き渡された山東省の兵士は、腐敗した売国奴への抵抗を呼びかける電文を他地域の兵士たちに転送する積極的な動きを示したと聞きました。

すべての学生が懸念しているのは、自分たちの運動が一時的な盛り上がりに終わってしまうことです。自分たちの運動を継続的なものにするために、事態が一段落したときに取り組む課題を模索する動きがすでに始まっています。南京の学生たちが考えているのは、教育分野全般、学校の増設、成人を対象とする授業、社会奉仕などに関して一般向けのプロパガンダを改めて組織化することです。

大変興味深いのは、学生と教員のうち、外国経験のある者とない者の比較です。外国経験がない場合、文学の理解力と学究心の高さの面で、実質的に頼りない感じがします。その点、たとえ日本であっても留学経験者には優位性が認められます。教育分野の古典学者は、教育の流儀が長続きさえすればなにが可能になるか、という問題についての中国における貴重な事例です。

一方、中国の古典文学には芸術的に大変優れたものがあることは確かです。現代の多くの若者たちも古典文学に愛着を示し、登場人物の優れた描写を模範としています。かれらはあらゆる芸術的専門用語を駆使して、古典文学についてこんな議論を展開します。「この表現の一撃の強さに注目されたし。さらにはこれに対応する精神性と文章構成の格調高さにも」

先日、中国を代表する仏教寺院のひとつを訪ねた際、名高い書家の作品の拓本を贈呈されました。詳しくはわかりませんが、数世紀以前に書かれたこの書家の筆跡を彫った石版を転写したものです。政治が腐敗し、社会生活が混乱をきわめたときに、教養ある人々が芸術と精神の世界に逃避した、その様相を容易に実感できます。退廃と衰退の影が強まっていく様子も理解できることでしょう。

以前、上海から送った手紙〔五月二日付〕で、中国の不思議な食べ物をいろいろといただく機会があったことを書いた記憶があります。黒い卵〔皮蛋《ピータン》〕、鱶《ふか》ひれ、燕の巣、鳩の卵、米のプディングなどなど。その後も、中華料理をおいしくいただいています。

昨日の昼食は、軍当局の顧問をつとめる方の自宅でごちそうになりました。大変能弁で、確固たる政治的信念をもち、中国の行く末について希望を感じさせてくれる方です。

「安定した政権が生まれたら実行すべきことがいろいろありますが、いまはまったく希望がもてません」という氏の発言を聞いたときには、ほんとうに憂鬱な思いがしました。その物言いにも「まったく、いまの政権よ、前につき進んで、なんとかしろ」という本音が透けていました。

氏は、「キリストの慈愛に満ちた幸せな家庭」を営んでいることを誇りにして、役人や富裕な階層の人々にありがちな、みずからのキリスト教信仰を隠すことはしません。娘さんたちをアメリカに留学させたい意向で、ひとりは薬学、ひとりは家政学の専攻ですが、中国の家庭のあり方を変革する運動に加わるなら支援しようとの考えです。

結婚した子供たちや使用人を含めて五十人規模におよぶ大所帯は言い争いや妬みごともさることながら出費が半端でない、とこぼしていました。裕福な大所帯の旧家では、七時頃に始まる朝食から正午まで、誰彼の食事のために調理する時間が続きます。午後の二時頃には次々と来客があり、使用人はその都度、飲食の準備に追われます――なにごとにつけ組織的管理も計画的準備も、手つかずじまいということでした。

南京発　五月二十六日　月曜日

学生たちの内輪もめは日に日に悪化するばかりで、これまで一貫して支援してきた教師たちの間にも懸念が広がっています。

南京を省都とする〔江蘇〕省の知事はきわめてリベラルな考えの持ち主として知られ、先進的な教育対策への援助を約束しています。先週の金曜日、省議会は教育部門の歳出予算額を削減し、議員俸給を引き上げる議案を採択しました。

この動きに対して、学生たちは一斉に抗議活動を展開していますが、組織化がさらに進んで効果的なストライキの実行につながる、と教師たちは気をもんでいる状況です。私たちの友人諸氏は、省議会や知事のもとを頻繁に駆けまわっています。知事は、法案が議会から送付されたときには、拒否権を行使することを公約しました。しかし、学生たちの間には、議会に押しかける動きが強まっています。

友人諸氏が言うには、議員が選挙で当選するには多大な費用がかかり、公職に就いてから取り戻す必要に迫られる、ということです。ある宣教師はこう言います――「押しかけていき、議員たちをひとり残らず撃ってしまえ。彼らは北京政府と同程度に悪質だ。同じ立場になれば、日本かどこかに中国全土を売りとばすに違いない」

中国では全面的に教育が行き届いていないのは確かですが、小さな試みを重ねている限り実現は困難で、徹底的にやるか、なにもせずに終わるかの決断をする前に、中国は最低線にまで追いこまれてしまうことでしょう
昨日は、知事夫人にお茶をごちそうになったのですが、その場に、太太《たいたい》も呼ばれていました。役人の妻君を指す言葉ですが、かつては宮中の女官に対して使われていました。このことは、職能について考える際に、興味深いものがあります。女性は例外なく、使用人と子供を連れて来ます。使用人がふたりという場合もあるようで、格上の者に自分の面倒を見させ、若い方は子守役

です。招待者の使用人の役割は、ティーカップを手渡すことでした。

子供たちの食事も大人と同じ時間に用意され、家族全員が食べ終わってから、使用人は厨房でなにかしらを口にします。それがどれほどのものか知る由もありませんが、おそらく粗末なお茶程度でしょう。私たちがいただいたお茶は杭州産のジャスミン茶で、一ポンド〔約四五〇グラム〕あたり十五ドルほどの値段です。大変おいしいお茶で、麝香《じゃこう》のような独特な香りがお茶の味わいと一体になっています。ただし私の口には合わず、上等な緑茶のほうが好みです。

とにかく一度、太太の姿をお見せしたいものです。知事夫人はおそらく二十五歳前後、あるいはもう少し上。若い割にはがっしりした体つきで、背丈もありますが、波型に縁取りをして黒のサテン地を縫いつけた空色のスカートとジャケットを着こなしていました。美しい髪を右側に分けて、左耳の上には造花の白い薔薇がピンで留められていました。夫人の使用人は、黒の上着にズボン姿でした。夫人は腕にブレスレットを数本つけていましたが、宝石類は他の女性たちより見劣りがするものでした。ある女性の上着のボタンはエメラルドの石を真珠で囲んだもので、腕には真珠のブレスレットをしていました。

お茶の時間が終わると、大勢のご婦人方は、ふたりを除いて、奥の部屋に移動しました。とり残されたうちのひとりは、大変悲しげな表情でした。しばらくその様子を見守っていた私は機会をみて声をかけ、お子さんは何人いらっしゃるのか訊ねました。子供はいないが、娘が欲しいとのことでした。夫はキリスト教の牧師で、ご自身も教徒になろうとしていることを後で知りました。とり残されたもうひとりは、エメラルドのボタンをつけた女性でした。

奥の部屋に入った一同はカード遊びをするものと思いこんだ私は、見物ができるか訊ねました。ところが実際は、仲間内の噂話や外国人についての会話を愉しむために小部屋に移動したらしいのです。カード遊びを見学したいのであればいつか案内しよう、と言ってくれる女性もいました。朝から晩まで遊びに興じて徹夜になることもあると聞きました。時には損失額が巨額におよんだ事例が話題になるそうです。

やがて奥の部屋から戻ってきて、子供連れの方も含め、総勢十六人が、なん列かに並べた椅子に座りました。部屋のまわりには子守役の阿媽《アマ》も数人控えているなかで、しばしの時間、私の講話を聴いていただきました。話の内容は、アメリカの女性たちの大戦中の行動に関するものでしたが、驚いた表情で聞き入っていました。ガスマスクがどんなものか説明する必要がありましたが、殺害の実態についてはご存じでした。話の途中でくすくす笑う声が聞こえてくると、私の話にも弾みがつきます。

大学から派遣された若い女性が通訳をしてくれました。私は話を中断して、みなさんの実生活について教えてほしいとお願いしました。すると知事夫人が促される形で、自分の育児法について話してくれました。どなたも人前を気にすることなく、私たちの感覚からすると礼儀作法に欠ける面も見られますが、冷静さと優しさを兼ね備えていて上品な印象です。

知事夫人にはふたりの息子さんがいて、長男は六歳とのこと。午前中は中国人の家庭教師が来て、昼食後、夫人が大好きな音楽を自分で教えます。その後、五時半まで演奏を続け、夕食をとってから再度、就床までの少ない時間を演奏します。

十三歳になると、息子さんは全寮制の学校に送り出されます。女の子の場合を訊ねると、十歳の姪が一族では最初の例として天津《テンシン》の学校に寄宿しているとのことでした。

北京発　六月一日　日曜日

内陸部の省出身の青年と会話しましたが、長期にわたって給与が支払われていない教師たちを支援するための資金集めに奔走しているそうです。以下は、この青年から聞いた話――。

国家歳出額の六割強が軍事費にあてられているものの、肝心の軍隊は役に立たないどころか有害なものになっている。多くの省で、軍は強盗も同然の連中に占拠され、どの地域も事実上、督軍すなわち軍政長官の支配下にある。公然と日本に接近する軍指導者の腐敗は目にあまるもので、人件費をかすめ取って蓄財し、軍を地域への独裁強化に利用している。

私たちの見立てでは目下のところ、小康状態が保たれていますが、過去四か月の見聞の限りで初めて経験する局面という点で、ふたりの意見は一致しました。特に先月は、消化しきれないほど食料が潤沢な状況でした。

秘密主義と策略が横行する東洋の実態に話を向けましょう。ヨーロッパとの比較で言えば、東洋の人々は、情報を大皿に盛って提供し（表示と中身が合わない場合がしばしばあります）、それを使って人の目をごまかそうとします。

昨日は、西山公園に行き、写真などで観てきた風景の実物に触れることができました。底の面が本物の大理石でできている美しい石の橇《そり》もありましたが、その他はあざとい模造品の類ばかり。とはいえ、その豪華さは評判通りで、思わず比べたくなるベルサイユの庭園よりも整然としています。建築で最もすばらしいのは、大判のタイルが一面に貼られた仏教寺院で、タイルの一枚一枚に仏陀像が描かれています。見ているうちに、まるで映画の一場面に立ち会っているような気分になります。「ロシアの丘」より少し高いところにある、いかにも中国人が好みそうな人工の山に掘られた洞穴をくぐり抜けて、先ほどの寺院に出る経路を歩いたりしました。

満州人の一族がこの施設を所有し、運営に巨額の費用を投じているようです。中国がさらなる革命、というより新たな革命を必要としていることを如実に示すものです。以前送った手紙に何度か書いたように、第一の〔辛亥〕革命は王朝を解体し、混乱の責任者である多数の腐敗した支配者を追放しました。一連の事態の根源にあるように私の目に映るのは、おおぜいの将軍や為政者が利益をむさぼる状況下、決定的な行動を起こす者が現れるなら、全秩序が音をたてて崩壊してしまうのではないかという恐怖感です。

「この現状をいかに」、は中国でよく聞かれる言葉ですが、ほとんどが現状面ばかりで、向かうべき方向についてはあまり語られません。もうひとつの国民的標語が、「先のことはわからない」とか「誰かにやらせろ」というものです。「最悪」という言葉もよく耳にします。事態を隠蔽せず、自らの弱点と欠陥を露わにする冷静な客観的説明の後で、「最悪の状況だ」と言うのです。一般の人々が理性的な判断を貫けるものか私にはわかりませんが、合理的な態度で事にあたるのは十分可能なはず。人々の一体感も高まります。

中国人を自由に使いまわし、働き具合によっては気合を入れるという日本人のやり方を一概に非難することはできません。中国に身を置くと、よく知られる日本人の一途な気性の裏側がよく見えてきます。なにごとかに取り組み続けるには、ひたむきな集中力が必要になるのでしょうか。たとえ、他の人々がためらい、動き出せずにいる場合でも、目指す目標に向けてひたすら前に進まなければなりません。

話題を変えて――今朝、名高い博物館に行ってきました。中国が誇る場所のひとつです。かつての宮殿である紫禁城の一部が博物館として使用され、大きな集会場にもなっています。黄色の瓦屋根や青、緑、金、赤などの色鮮やかな壁は往時をしのばせるもので、東洋に関する伝統的な観念が思わず頭に浮かびます。チベットを含め、これまでに訪ねたどの地域よりもはるかに強くヒンドゥー文化の影響が感じられ、ムーア式を思わせるものが多いように思われます。

北京は、千年の歳月をかけて築かれた都市です。ヨーロッパ各地の中心地が無計画に建設されたのとは対照的に、一定の構想に基づいて設計され、必要に応じて組織力が十分に発揮されていることは疑いありません。博物館には正真正銘の財宝の数々、磁器や青銅製品、翡翠《ひすい》などが秘蔵されており、単に歴史的遺物を展示した施設ではありません。

周辺は公園になっていて入園料が十セント、博物館に入るにはさらに一ドルを要します。入館料としてはかなり高いのですが、維持管理のための費用というより、人々が押しよせることを予防するための価格設定という印象です。

北京発　六月一日〔同日二通目〕

街頭演説をしたとの理由で投獄されている男子学生の釈放を求めて、大総統に面会を申し入れたミッションスクールの少女たち数百人が行進する光景を目撃しました。中国で遭遇する体験に胸を躍らせる日々です。私たちはある国家の誕生を目のあたりにしているのですが、物事の始まりには常に困難がともないます。体制の交代期になにが起きるのか、君たちに伝えようとしても事態の進行があまりに速く、手紙に書く暇もないほどです。

昨日は、教育省の幹部に案内されて、西山公園に建ついくつかの寺院を見学しました。車が大通りを進み、城壁を通過する際に、学生たちが道行く人々に呼びかけている様子をあちこちで目撃しました。この数日は、街頭で学生の姿をよく見かけます。学生は逮捕されないのかと案内役に訊ねると、「法を順守し、公衆を混乱させなければ逮捕されない」ということでした。今朝の新聞には、なにも載っていません。

最悪なことに、〔北京〕大学は軍用のテントで埋め尽くされ、学生を収監する施設になっています。こうした事態は不法なものであり事実上、大学が軍隊に占領されたことを意味しています。教員全員が辞職を余儀なくされる事態で、今日の午後には討論集会の開催が予定されています。集会が終われば、その様子は私たちにも伝わることでしょう。

法学棟に閉じこめられた二百名の学生のほかに、ふたりが警察の詰め所に連行され、背中を鞭で打たれたという情報もあります。このふたりは演説中に逮捕され、憲兵隊の将校に引き渡されました。黙秘するどころか逆に、いくつかの疑問をぶつけた学生の背中に、将校が鞭を振るったのです。常識では考えられない将校のふるまいで、こうした非難を当の将校が否定するのであれば、報道陣は拘束中のふたりとの接見を申し入れることでしょう。伝わっている話が真実でないと否定するなら、この要請を拒む理由はないはずです。

私たちが学生の街頭演説を目撃したのは今朝の十一時頃で、訪問先を探し始めたときでした。学生の逮捕は後になって知らされたのですが、ポケットに歯ブラシとタオルを携行していたそうです。逮捕者は二百人ではなく、千人におよぶという話もあちこちから聞こえてきます。

北京だけでもストライキは一万件にのぼります。少女たちの行進が教師に衝撃を与えたのは明らかで、多くの母親が路上で見守っていました。学校からの距離がかなりある大総統の宮殿を目指す行進でしたが、もし大総統が面会に応じないなら、少女たちは徹夜で外に立ち続けることでしょう。大勢の人々が食料の差し入れに訪れるはず。

拘束された学生たちは今朝四時に床につくまで、食事を一切与えられなかったそうです。建物に水道は通っていて、横になる場所もあり、刑務所より清潔で、なにより仲間と一緒にいられるのが心強いことは言うまでもありません。

北京発　六月二日

心配しているといけないので、今朝の体調や最近の過ごし方などについて少し書きましょう。

宿泊中のホテルは高級で、各室に浴槽があります。大通りに面していて、向かい側には公使館の外壁があり、樹木の植えこみやいくつかの大屋根が見えて、良くも悪くも中国を思わせる光景が広がっています。気候はアメリカの七月の暑さと似ていますが、日差しの強い八月のロングアイランドよりも空気は乾燥しています。

北京の道路は世界で最も幅員が広いように思われますが、中国の都市に特有の赤い城壁が道路沿いに連なり、絵画でおなじみの立派な門が所々に設けられています。道路の中央部は砕石で舗装され、その両側を人が行き来します。ありがたいことに、北京には良質の馬がたくさんいて、重い荷物を人力で引く必要はありません。道路の至るところに見られる深い轍《わだち》には灰のような粉塵がたまっていて、人が足を踏み入れたり、荷車が通過するたびに土埃が舞い上がります。

ホテルの部屋は道の南側に面しています。終日、竹製のブラインド越しに陽光が差しこみ、熱気が灰色の土埃を通して伝わってきます。自分の肌をふくめ、触るものすべてがザラザラして、口の渇きを感じ、水を飲まずにはいられません。午後は、すべての窓を閉めてブラインドを降ろすようにしています。ニューヨークと同じ緯度なのに、春先にこうした日照りが続くのは妙な感じですね。

こうした気象条件のなかでも、田畑の農作物は成長する一方ですが、土壌は固く、耕作条件に恵まれていないことは確かです。樹木類はごくたまにしか見かけず、それも高木ではありません。穀物は刈り入れの時期を迎えて、玉ねぎも熟しています。しばらくすると、雨季に入り、新しい作物の収穫が始まることでしょう。

花の季節はほぼ過ぎてしまい、残念なことに有名な牡丹の花にはお目にかかれませんでした。興味深いことに中国の人々は、牡丹の枝をあまり伸ばさずに小ぶりの状態にとどめておく技術にたけています。切り詰めて、室内で鑑賞する大きさにするのです。毎年、牡丹の塊茎を移植し、伸びすぎないように工夫をこらして、美しい小さな花を咲かせます。以前、白い牡丹の花を見て、薔薇と勘違いしましたが、つぼみはアメリカでよく見る大輪の薔薇とそっくりで、いい香りがします。

煉瓦の壁際のあちこちに牡丹の花壇がつくられていますが、長方形か楕円形で、巨大なプディング状。浅い木の箱に植えられた牡丹を並べて、かわいいデザインの幾何学模様に組まれた竹垣で真四角に囲んでいる花壇も見かけます。市の中心部には、こうした花壇がたくさんありますが、開花期が過ぎたこの季節には緑の葉しか見ることができません。

昨日は頤和園《いわえん》*に行き、今日はこれから博物館に向かいます。**紫禁城の聖域にいよいよ足を踏み入れるのです。

紫禁城はすばらしい場所ですが、いまは荒廃した感じを否めません。すべてがあまりに大がかりな規模でつくられ、現実の用途には適していないのです。緑、青、赤の塗装が色鮮やかな屋根付きの柱廊は、延長が一キロメートルを優にこえます。西太后の晩年を撮った有名な写真を窓越しに覗きこむように見ていると、ニューヨークで展示された同じ写真に接したときの記憶がよみがえりました。奇妙なことに、写真の所有権はいまでも彼女の一族にあるそうです。

高価なじゅうたんやカーテンの巨大な巻物が展示室に山積みされているのですが、なにもかも

〔訳注〕 * 北京郊外にある旧皇帝の離宮。
** 前日付の一通目に「今朝、名高い博物館に行ってきました」とあり、夫妻別々の行動と推測される。

降り積もった埃に覆われているので、テーブル面の色も見分けがつきません。七宝焼の花瓶や有名な青磁の壺によく似たものが老貴婦人の写真の下に置いてあるのですが、なにもかもが荒廃しつつある感じです。

しばらく、あてもなくあちらこちらと歩きながら、革命が成就した際には、どのように改造して使うことになるのか思い描いてみました。中国は革命を経過した共和国である、という認識は払拭すべきでしょう。アメリカで私たちが騙され続けてきたのもこうした考え方です。満州族王朝を腐敗させる土壌となった昔からの官僚主義が崩れようとする最後の名残が、現在の中国なのです。

幼い元皇帝〔溥儀〕は、宦官や個人教師やふたりの母親に囲まれて、紫禁城の一郭に暮らしています。十四歳の彼を皇帝の地位に据えたままにしているのは、どう考えてもおかしな話ですが、年ごとに共和国が議決する金額以外の資産が彼にあるわけではありません。帝政を復活させ、やがては直接に統治する野望を抱いている日本を除けば、誰もこの幼帝のことを気にかけていません。講和会議に加えたのは軽い小突きにすぎませんが、日本にはその準備ができているように思えます。生涯でも最大級の驚きをもたらしたこの状況については、あなたたちも本を読んで勉強してください。

昨日、ある友人の住まいを見学するために足を運びましたが、こんな家に住んでみたいと思うほど興味をひかれました。水道の設備はなく、給水業者が毎日運んでくる水だけで暮らしています。小さな家なのに、中庭を囲むようになんと十八の部屋があり、部屋の外に出れば、行き来が自在な形になっています。気温が零下七度に近い寒さになっても、過ごし方に変わりはありません。どの部屋も床には石が敷きつめられ、すべての部屋を見たわけではありませんが、紙が貼られた窓とガラス窓が半々でした。夏になると、中庭にゴザをかけた仮設の屋根を張り、本体の屋根よりも高くするので、風通しが良く、絶好の日除けになるそうです。

六月五日

木曜日の朝です。

昨夜耳にした情報によれば、一昨日、千人前後の学生が逮捕されたようです。学生たちが監禁されている建物に出入りする通行証を、昨日の午後、友人が手に入れました。監禁場所の法学棟が満杯になり、科学棟もその目的で使いはじめたので、今日開催する教員集会の場所を伝道棟に移さざるを得ません。

昨日の朝十時に拘留された学生たちは、午後四時になっても食料が与えられずにいました。友人のひとりが大学構内に入り、多少のお金で注文した貨車一台分の大量のパンを送り届けるよう手配しました。パンといっても実際には、自家製のビスケットのことで、貨車もパンの運搬に使われる荷馬車のことだと思います。なにはともあれ、若者たちは多少のものをお腹に入れることができたのですが、費用は警察が負担したのではありません。

全体的に見て、警察の手詰まりが切迫した状況にあることは確かなようです。逮捕される学生の数はますます増えて、拘留施設に使っている大学棟はいずれ満杯になることでしょう。一番信じられないのは、警察が予想外の展開と考えていることです。逮捕が脅しになって参加者が減り、全員が学業に復帰すると思いこんでいたのです。今朝、友人に案内されて、軍の野営地と化した大学の様子を見に行きました。ひょっとしたら構内に入れるかという期待もあったのですが。

中国の人々は、女性のためになにか最小限のことをせずにはいられないという興味深い段階に到達した、と私は理解しています。女子校の開設が現実味を帯びるに至って、民衆に不人気の時代遅れの役人を厄介払いするのにふさわしい部署と知ったようです。学生のストライキによってなにが起きるのか、確かなことは誰も言えません。革命に発展するかも知れません。あるいは、想像力の欠如が誰の目にも明らかになった警察が驚くようなことが起きるかも知れません。

北京の七月は猛烈に暑く、市民は避暑の準備を始めています。湿度が低いのでニューヨークの熱気に比べるとしのぎやすいことでしょう。ただし、空気の乾燥による悪影響もあって、強い風が吹くと嵐のような砂塵が舞い上がり、神経にさわります。家の中にも入りこむ土埃は、皮膚や体内の粘膜を傷つけかねません。

今日は曇っていて、湿度が高く、雨も降りそうな気配で楽な一日でした。

西山公園で経験した〔五月三十一日の〕出来事が記憶に残っています。

パパと教育省の役人と私の三人は、フォードのリムジン車を降りて、四人の担ぎ手の他にひとりの先導役がつく椅子式の駕籠《かご》に乗りこみ、随行する十五人の方々とともにいくつかの聖堂を見学しました。土埃が舞い、足元には石の転がる小道を進んで行きました。愉しい余暇の時間どころか驚くことばかりの連続で、息をのむようにして押し黙っているしかありません。

三つの聖堂と庭園を一個所、見学できました。ある建物に五百体の仏像が安置されていましたが、建物も含めて朽ちかけ、ひどく汚れた状態でした。ある丘陵の頂上にとても大きな建築物がありましたが、四百年ほど前に何者かが自分の埋葬地として、百万ドル以上の費用を投じて建てたものです。その後、当の人物は他人の財産を盗む類の悪事を働き、この地への埋葬を許されませんでした。聖堂の周囲には樹木が茂り、安らぎの場を提供していて、きれいな湧水が何個所か流れています。

私たちが交わしていた会話は――「樹木をもっと植えるべきですね」「そのとおりだが、大きくなるのは何年先のことやら」とか、「でも空気が乾燥しすぎて、育ちますかね」といったものでした。同行者からはこんな言葉も聞かれました。「おっしゃる通りです。植樹しなければいけません」とか、「そうです、いつか植樹するでしょう。でも私たちが植樹祭を祝う一方で、木を伐採する人も絶えないのです」

聖堂の周囲にある樹木は大きく育っているし、乾燥した気候とはいえ、草が伸びている場所なら樹々もどんどん大きくなるはず、と私たちが指摘しても、先ほどと同じ答えが返ってくるのでした。南京で訪れた小さな林業署のほうがずっと先を進んでいるように思われました。ぎらぎらした日差しを浴びて土埃を舞いあげながら進む椅子の動きで、スウェーデン体操を応用したマッサージを施されている気分になったものです。

出発地点にもどると車の周辺には五十人を超える人々が待ち構えていました。私たちが聖堂をめぐり、昼食をいただき、お茶を飲んでいる間も、ひとりにつき五人が傍に待機していました。その一方で、植樹を実現できずにいる。これが中国の現状です。

国土全体の隅々まで岩石に覆われている印象で、自然現象とはいえ、至るところで崩落が起きています。子供たちのための校舎と孤児院を新築中のある村で、こんな光景に遭遇しました。どこに行っても子供たちの多くは裸同然、頭部の皮膚は日焼けし、背中に汚れきった上着をひっかけて、路上で豆をかじっています。道端に置いたテーブルに食べるものが並べられ、すぐにでも口にできるようになっているのです。

ある聖堂で働く役人が、仏像をまつる小さな祠《ほこら》を再建する計画について語ってくれました。青銅製でかつては漆塗りを施されていた弥勒仏《みろくぶつ》がひび割れています。崩れ落ちた屋根の破片が堆積した場所に建てられた差し掛けの屋根の上にゴザをかけ、日除けにしているありさまです。

共和国の大総統が、幸運をもたらす慈悲深い仏像と考えて昔風の美しい大きな門を建てました。ところがその後、決して縁起が良い仏像ではなく、神々に不都合な相があると思いこむようになりました。詳細は私にはわかりませんが、運命が自分に味方してくれるかを見きわめようと、寺院の一角にある大きな控え壁を解体しているところです。大総統がなにを運命に託しているのか、これも私には不明ですが、運を味方に皇帝の座に就き、貧困と政治悪を是正したと民衆から評価されることかも知れません。

言い忘れましたが、中国では荒れ果てた廃墟を片づける動きが見られません。崩れ落ちたまま放置されているのです。そのかわり、神仏像がどのように建てられたのかがよくわかります。ほとんどが粘土製ですが、木の枠組みの上に練りつけるようにしてできています。木材が大量に必要となるので、聖堂の古い建物の崩れ落ちた梁はすぐに持ち去られ、山積みになることはありません。身の安全を自分で守れない場合には、崩れかけている屋根の下を歩くのはきわめて危険です。

北京市内のほとんどの聖堂では、床はきれいに掃かれており、埃を払った形跡が残っている塑像もありますが、最後の清掃がいつ行われたのか知る由もありません。

北京発　六月五日〔同日二通目〕

以前の手紙に書いたことのくり返しになるかも知れません。

学生たちの連帯を抑えこむために次から次へと発せられた命令は、猛反発を招きました。日本製品の不買運動を批判したことで解任を要求されたふたりの人物の、国への貢献を書き連ねた「指令書」も同様です。こんな次第で、学生たちの活動は勢いを増しています。ふたつの学校の工業学科が警察から閉鎖を命じられたことも、学生たちの怒りを買いました。同学科に所属する学生は、日本からの輸入品のうち、大がかりな資本を導入せずに手仕事で生産できるものがないか、調査を始めました。校内での研究を終えると、多くの商店に足を運んで製作手順を伝授し、普及を図るために講演を実施したのです。

昨日、街に出ると学生たちの演説する姿が普段より多いことに気づきました。街路には兵士が溢れるほどいるのですが、学生たちに干渉する気配はありません。午後に行われた千名にのぼる学生の行進には警察の護衛までつきました。夕刻、電話があり、学生たちが収容されていた校舎周辺のテントが引き払われ、兵士は全員退去したと知らされました。

その後、学生たちは構内で集会を開き、自分たちに言論の自由は保証されているのか政府に問いただす決議を採択しました。もし言論の自由が認められないのであれば、街頭演説の再開によって逮捕される危険があることから、校舎内にとどまる意志を示しました。こうして学生たちは徹夜で「拘置所」に居残り、政府を困惑させました。

なにが起きているのか、今日はまだ情報に接していませんが、街路に兵士の姿はなく、学生たちが議論する光景も見られません。事態解決に向けてさまざまな試みが行われるなか、一時休戦が合意された可能性もあります。

政府側が不名誉な事態に追いこまれた理由のひとつは、学生を力づくでは排除できないことに気づくのが遅すぎたことにあります。昨日演説していた学生の数は前日の二倍に増えて、逮捕者は千人におよび、拘留場所は満杯状態に近づいています。

もうひとつの理由は、上海の商人たちが一昨日、同盟罷業《ストライキ》を実行したことです。北京でもこれに続く動きがあるという話が聞こえてきます。

くり返しますが、中国は奇妙な国です。いわゆる共和制は悪い冗談です。従来、この言葉は、皇帝に替わって一定の責務にあたるという意味合いで使われてきましたが、実際には、支配して略奪行為を働く仕事が、権力を掌握した徒党の手に落ちたのです。主要な軍閥の将軍のひとりは以前――ここ数か月以内のこと――、宿敵を北京の朝食の席に招き、食事を終えると、壁際に賓客を立たせて射殺しました。この行為が彼の地位に影響をおよぼしたでしょうか？　いまも以前と同じ立場で、職務を遂行しています。

いくつかの点では、アメリカよりも社会的・政治的平等が進んでいる面が見られます。女性を除けば、完全な社会的平等が実現され、立法府の議会はまったくの茶番ですが、世論が現在のように自己主張を続けるならば強い影響力を発揮します。腐敗しきった役人は辞職し、姿を消すことになると考える人もいれば、軍閥がクーデターを試み、前面に登場して強大な権力を手にするだろうと予測する人もいます。幸いなことに、軍閥は現在の時点では分裂を深めているように思われます。しかし、学生（および教師）の誰もがおおいに怖れているのは、いまはびこっている一味が追放されても、同じように悪辣な一団に置きかわるだけの結果になることです。軍に支援の手を求めることを控えているのは、こうした懸念があるからです。

後記——警察の首脳がじきじきに出向いて謝罪するよう、学生たちは要求しました。多くの点で、喜歌劇さながらの展開のように思えますが、最近の状況を見ると、学生たちのほうが政府側より賢明で抜け目ないことは疑いありません。政府が物笑いの種になっていることが中国における破滅的事態を示していますが、政府側も手をこまねいているわけではありません。教育大臣と大学校長を新たに任命しましたが、両者とも尊敬に値する人物で、やましい履歴はなく、公平な性格の持ち主です。新任の校長が納得のいく宣言を出さなければ、教員側が受け入れを拒否することもありそうです。——新しい校長にそれを期待するのが無理なことは明らかですから、騒動が至るところで再燃し、教員会も巻きこまれることでしょう。政府が意を決すれば、大学の解体もありえますが、中国では学者は神聖で侵すことのできない信望ある存在です。

六月七日

学生たちの動向をめぐる一部始終には、笑いを誘うようなこともありますが、先週の金曜日〔五月三十日〕に起きたことは様相が異なります。学生たちが小旗を掲げて歓声を上げながら行進しているときに、警察官は守り神のように近くに立っていて、誰ひとり逮捕されたり、嫌がらせを受けたりすることがありませんでした。熱弁をふるっていたひとりの学生に、聴衆とともに少し移動するよう警察から丁重な要請があったのですが、その理由は人混みによる交通渋滞の責任が警察官におよばないようにするためでした。一方、土曜日には、謝罪および言論の自由の保証などを求めて自らの意志で拘留施設にとどまっている学生たちに、書状を送り、陳謝を表明しました。昨日の朝、学生たちは校舎を退去したようですが、正確な情報は届いていません。

大学教授会は会議を開催して、新任の校長の承認ないし受け入れを拒否する決定を行い、政府に委員を派遣してこのことを伝えました。さらに、新任の校長にも同様のことを通知し、辞任を求めました。校長は以前、大学付属の工業学校の校長を務めていたのですが、政治的紛争でその座を追われた人物のようです。袁世凱一派に属する役人で、マレーでゴムを扱う富裕な商人になった経歴の持ち主ですが、商人に大学の校長になってほしくないし、彼が思うほど校長の職位は魅力的なものでないと新任校長を説得できる、と教授会は確信しています。

北京で開催されるすべての集会には、差別がつきものです。例えば、女性は劇場に入ると、旧態依然の扱いで通路の一角に追いやられます。教育委員会の集会所に設けられる女性席の設計にあたって男性の視線をさえぎる工夫もせず、長年にわたり中国人の美点とされてきた慎み深いとの評判を損ねないよう配慮されています。

ガソリンは一ガロン〔三・八リットル〕で一ドル、フォード車が千九百ドルで売られています。象牙椰子《ぞうげやし》の実からつくった石鹼は五個で一ドル。ドレスのクリーニング代が二・五ドル。歯磨きチューブは一ドル。ワセリンの小瓶が五十セント。男物の上着・シャツの洗濯代が一点につき三セント。月給十ドルで腕のいい料理人が雇えます。

ホテルの食事は大変おいしく、極上の中華料理をたくさんいただいて私の体重は増える一方です。国際医科大学と命名された新設のロックフェラー研究所の建築が、ホテルのすぐ近くの敷地に伝統的な中国様式で建てられている最中です。医療・衛生の水準は申し分ありません。女性にも働きの場を提供することが決まっていますが、資格要件で真っ先に女性の採用が排除されてしまうのではないか、心配しています。

北京は平穏な首都ですが、外交官とキリスト教伝道者の間に溝がある印象です。

亡き西太后が健在であれば〔一九〇八年に逝去〕、都市北京の修復もより円滑に進んだように思えます。

北京発　六月十日

学生たちが仕掛けたたくらみは、これまでのところ成功を収めていますが、中国にどんな明日が訪れるのか予断を許しません。

日曜日（八日）の午前、教育委員会の集会場で講演しましたが、その場に列席していた役人たちはなにが起きたかを知らずにいました。政府は自らの意志で収監施設にとどまる学生たちにいわゆる和平使節を派遣して、政府が犯した過ちを認め、謝罪する旨を伝えたのです。これを聞いた学生たちは意気揚々と市内に出て行進しました。街頭で開催された昨日の集会は大規模なものとなり、かつてないほどに熱気を帯びました。

その前日、収監施設からの自主的退場を要請するばかりで、謝罪しない非公式の和平使節四人を、学生たちはやじり倒しました。学生側が手にした最大の勝利は、裏切り者として常に名前が挙がる三人の男を解任する指示書を、今日にも政府が発令するとの報道です――昨日、政府筋はひとりの解任を提案しました。五月四日に自宅を襲撃された当の人物ですが、不十分な措置と反発され、完全な屈服を余儀なくされたのです。

この処分に同盟罷業中の商人たちが納得するか、あるいは最初の攻防に勝利した商人側がさらなる要求をつきつけるか、まだ判然としません。さまざまな噂が飛び交っています。そのひとつは、政府側の後退が商人の罷業だけによるものではなく、兵士たちがもはや堪えられない状況になっている恐怖感が支配的との説です。西山公園に駐屯する連隊が、学生たちの陣営に合流するために北京に向けて出発したという噂まで出てきました。中国では、噂は強力な切り札のひとつです。

私たちが中国に来てまだ六週間足らずであることを考えれば、世間的な経験をかなり積んだことを認めていただけるはず。停滞し、変化がないとの評価が内部では支配的な国において、確かになにかが動きだしているのです。

この国のめまぐるしい変化は、世界最大の万華鏡の様相を呈しています。

戦没将兵追悼記念日〔五月の最終月曜日〕のウィルソン大統領の演説を読んだところです。おそらくアメリカ国内では従来の枠を出ていないという受けとめでしょうが、少なくとも中国の人々には、現実的な方向性をかなり意識したもの――事実上、かなりの脅威――とみなされています。その一方で、ワシントンの国務省が中国から送られてくる報告の信憑性を疑っていることについて、さまざまな話が聞こえてきます。最近、独自の情報を得るために多くの秘密情報員が送られてきました。

アメリカにおける民主主義の発展について講演する際に、アメリカ人は物事を進めるにあたって政府には依存せず、積極的な姿勢で自主的に行動していると説明すると、聴衆の強い反応が伝わってきます。中国の人々は社会を支える民主主義を非常に重んじていて、現在の中央集権的な政府にはうんざりしているのです。

六月十六日

中国の識者によれば、私たちはいま一時的な休戦状態に立ち会っているとのことです。三人の「裏切り者」の辞表は受理され、内閣は改造の途上にあり、学生および商人のストライキはいずれも中止されました（鉄道員のストライキはぎりぎりの段階にさしかかっています）。次になにが起きるのか、まったく予測がつきません。過激な軍国主義者は自らの敗北に懲りず、支配を継続しようと手に唾をしていきり立っているとの証言があり、また穏健で技巧にたけた政治家といわれる大総統〔徐世昌〕が、事態のなりゆきを自分の手中に収めるために、注意深く事にあたっているとの証言も聞こえてきます。

大総統は学生に対抗する指示書を発令する一方で、裏切り者と指弾された人物を表彰しましたが、学生たちの勝利は彼の立場を強化したようにも思われます。その経緯は私にはよくわかりませんが、事態の全容を知る手がかりとなるはず。

反撃する口実を与えることなく、中国の軍閥の弱点を明らかにするのが大総統の考えのようです。軍閥は無記名のチラシで誰彼かまわず非難を浴びせ続けています。氏名を記載せず「一三五八名の学生」の署名で配られたチラシには、次のようなことが書かれていました。

――ストライキの唯一の目的は青島《チンタオ》の奪還にあるが、数名の学生は運動全体を自分たちの目的に従わせようと試みており、大学の校長の座を狙っている者さえいる。

北京発　六月二十日

少し前のことですが、実際に稼働している人間の社会秩序のなかに、蜜蜂《みつばち》の集団を模倣してとりいれた形跡があることに気づき、君たちに伝えようと思い立ちました。

中国社会がまさに典型的ですが、あらゆる点で、人類の完璧な社会的営みに受け継がれています。誰もが、ひとりではなにひとつ実行できない、誰もが慌てたらなにひとつ実行できない。自分の巣室のための蜜蜂の捕獲仕事が常時、目の前で展開されている、巣室は常時存在し続けるという発見です。ひとつの例を挙げましょう。

美術学校での講義の場合、長い集会場の端にあるドアから入ります。集会場の後ろ側にも大きな部屋があり、その部屋の裏手には、担当者がお茶を沸かす場所があります。私たちが入る正面のドアの近くには、講義の前後に座る椅子とテーブルが置かれてあり、その席でお茶とかソーダなどの飲み物をいただきます。ティーカップは、部屋の前方の出入り口のすぐ近くに置かれた収納棚にいくつか用意されています。

体格の立派な男性がどこか後の方から姿を現わし、広い部屋を音もたてず厳かな足取りで収納棚の場所まで歩いていきます。ティーカップを取り出し、両手にひとつずつ持って、後方の空間に姿を消します。かなりの時間が経過して、熱い紅茶を注いだふたつのカップを両手に持ち戻ってきます。私たちの卓に置き、収納棚からさらにふたつのカップを取り出して再び姿を消し、また戻ってきます。栓を抜いた小瓶が卓の近くに運ばれてきます。時間がたつとソーダの炭酸が消えてしまうので、直前まで栓を抜きません。

以上の手順が毎回、寸分狂わずきっちりと守られます。

中国の厨房は、別棟にある食堂の間近に設置され、厨房と食事室の間を行き来する場合は、屋根のない中庭を歩く必要があります。私たちが来てから雨が降っていないので、スープ皿に傘をさしかける様子がどんなものか見当がつきません。しかし記憶にとどめておきたいのは、中国社会では蜜蜂の巣箱が実体として再現されていることです。しかも樽の中につくられた昔ながらの巣箱です。

働くことに専念する男性たちに目を向けると、いかにも頑健そうで、なにをするにも言葉を発せず、大きな音を立てることもありません。その仕事ぶりをよく見ていると、特別なことはなにもしていません。

義和団事件*の賠償金によって設立されたことで知られる清華学院では、アメリカの主導で校舎が新築されたのですが、食堂の出入り口から十メートル余りの場所に厨房が配置されています。厨房の様子について詳しくは書きませんが、あちらこちらが壊れかけている粘土製コンロが目に入り、流し台もなく、薄暗い厨房の一方の壁に窓がひとつあるだけ。さらに、料理人が板の上で眠り、使用人たちとともに質素な食事をとる小部屋の様子を見てしまうと、中世が手つかずに残っているような印象です。

北京発　六月二十日〔同日二通目〕

先週末、十五キロメートルほど離れた所にある精華学院に出かけました。義和団事件の賠償基金をもとに創設された、二年制のカレッジが付属する高等学校です。すでに六十名か七十名の卒業生を社会に送り出していますが、卒業の翌年には学業の総仕上げとして全員がアメリカに留学します。進学先はまちまちですが、主として小規模なカレッジもしくは中西部諸州の研究機関です。〔ニューヨーク市対岸の〕ホーボーケンにあるスティーブンスなどの工科大学に進む者も相当数いますが、大都市にあるコロンビア大学に進学した事例はありません。

中国にはコロンビア大学出身者がたくさんいますが、大学院で研究生活を送った人たちです。おそらく、最初から大都市に行くことは避けたほうが賢明でしょう。中国語の指導は別として、授業はすべて英語で行われますが、留学生の英会話能力は十分な水準に達しているようです。

留学生の待遇については、アメリカ人として恥ずかしいものがあります。アメリカ社会に順応するまでの間、留学生はさまざまな侮辱に耐えなければなりません。さらに、帰国してからも、再度の順応を余儀なくされるというひどい事態が待ち構えているのです。母国への理想を抱き続けながら、十分な知識もないままアメリカ社会への順応を深めていきますが、生計を得るための仕事にありつくのは困難です。母国の未来を救う若者と理想化される一方で、母国でその存在はあてにされていないのです。——どうしてもアメリカと中国を比較してしまい、中国の後進性が直面する諸問題のすさまじさを実感せずにはいられません。同時に、おそらく中国人の誰もが心の底で、中国文明の優位性を確信しています——多分、その確信は正しいでしょう。三千年におよぶ継続は大変な偉業です。

君たちもいつの日か、この地を訪れる機会があるでしょう。その日に備えて、お金のことにつ

〔訳注〕 ＊ 義和団事件（北清事変） 一九〇〇年に起きた農民主体の排外的な運動。列強の侵略とキリスト教の布教に抵抗し、暴力的な様相を帯びた。日本など八か国の連合軍に鎮圧され、清朝政府が巨額の賠償金を支払った。

いて学んでおくのも悪くないはず——中国人の銀行家ほどお金について深く学んだ人間はいません。

アメリカ硬貨の両替レートにかなりのばらつきがあり、倹約精神を発揮すれば、人力車夫への支払いで少なからぬ差益が生じます。種類の多い紙幣も同様です。明日の晩は西山公園に行く予定ですが、六十五セントの硬貨でドル紙幣に両替できました。この鉄道に限っての話ですが両替条件が断然良いのです。対照的に、外国人はホテルの両替でいつも損をさせられ、一ドルと引き換えに五枚の二十セント硬貨しか渡されないといった具合です——ただしホテルを経営しているのは外国人で、中国人がずる賢いわけではありません。

君たちもこのことを知って喜ぶと思うが、一日に一度は山盛りのアイスクリームを口にできるほどに、北京のアメリカ化は進行しています。これには大助かり。

ひとつだけ、覚えておいてください。中国の人に、雨降りの予想や天気の見通しについて質問してはいけません。亀は天気を占う生き物と考えられていますが、地上でもっとも卑しい存在ともみなされているので、こうした問いかけが侮辱的な言動になることはおわかりでしょう。

最近展開された一連の運動のなかで、日本人への悪意をこめた社交儀礼のひとつが、日本製の麦藁帽を脱ぐことでした。通行人がかぶっていると取りあげて、亀の姿に似るような高さに切り詰め、電柱の高いところに釘で打ちつけてしまいます。

ついでながら、私が学生たちの最初の示威行動を若者特有の大騒ぎになぞらえた際には、学生たちを正当に評価できていませんでした。活動の全体が周到に計画されていなければ、早い時期に運動は後退していたことでしょう。ある政党がまもなく示威行動に立ち上がろうとしている頃、（時期が重なる）自分たちの行動が政治党派の別動隊のように見なされることを怖れ、学生独自の行動を選択したこともありました。

アメリカの十四歳以上の青年が抜本的改革を志向する政治運動の先頭に立ち、商人や経営者の集団が運動に合流しないことを恥ずかしく思わせる、という事態を考えてください。こういう国が現実に存在するのです。

北京発　六月二十三日

昨晩、ある中国の役人のお宅をふたりでお訪ねし、すてきな食事をごちそうになりました。私以外の賓客は全員男性で、女性は私と十四歳の娘さんだけでした。北京の英語学校に通っている娘さんは、流暢な英語を話すだけでなくさまざまな才能に恵まれて、人の目をひく方です。その年頃の中国の少女は、アメリカの少女に比べてしっかりしているようです。

そのご家族は、五人の子供とふたりの奥方で構成されています。娘さんが接待役をつとめる理由は、ふたりの奥方のどちらを女主人にするかの選択が厄介だったからでしょう。実際、ふたりとも姿を見せず、体調を崩しているとの説明がありました。六週前に産まれたばかりの赤ちゃんがいました。

父親は繊細で洗練された印象の、背丈が低い方でした。子供たちを誇らしげにして、愛情を注いでいる様子がありありと。子供たち全員が顔を見せてくれて、赤ちゃんは赤いベビードレスに深々と包まれていました。接待役のご主人は、リベラルな進歩派政党の指導者で、美術品の蒐集家としても知られています。所蔵品の数々に接することができるものと期待していたのですが、実際に拝見できたのは、テーブルに置かれた磁器だけでした。

広大なお宅は紫禁城の外壁に隣接していて、有名な古い仏塔が見渡せるすばらしい立地です。中庭でコーヒーをいただきましたが、裏手には別の庭があるといった感じで、全部で十五ほどの庭が連なっているらしく、それぞれの周囲に複数の建物が建てられています。

夕食のことに触れるのが遅くなりましたが、福建省出身の料理人の腕前は並外れたもので、メニューにフランス語名も書き添えられた極上の中華料理を堪能しました。中国では発祥地の名前を料理につける傾向があります。首都の例にもれず、北京に住むほとんどの人は他の土地の出身者ですが、料理人を引き連れてきて、出身地の料理を欠かすことなく口にしているようです。アイスクリームも、中国人の味覚にあわせています。接待役の娘さんが言うには、病人に冷たいものは禁物という考えが根強くあり、固く守っているとのことでした。

いまこの地方は、小麦の脱穀に追われる季節です。鎌で刈り取った跡を追うようにして、女性と子供たちが穂の拾い集めに励みます。農家近くの固い地面の「床」と呼ばれる場所にまき散らした麦の籾殻の上を、回転機につながれた二頭のロバが踏んで歩きます。踏みつぶされた籾殻を空中に投げ上げて殻と実が選別され、大勢の人々の時間を費やした末に、母なる大地の恵みにありつけるのです。

この地域一帯の生産量はもともと乏しいのですが、日照り続きの今年はさらに収穫量が減っているようです。丈の低いトウモロコシが小さな区画に植えつけられ、以前行ったことのある丘陵地の麓まで、ところどころに生えている区画が視界に入ります。落花生とサツマイモの植えつけの季節ですが、先日の雨で大地が湿ったので順調に成長することでしょう。

北京発　六月二十五日

中国の国内事情あるいは日常風景のなかで気づいた事実を列挙します。

木材の板はすべて手挽きの鋸で切られています——胴付き鋸をふたりで引き合うのです。新規開業に向けて大がかりな工事が進められている北京飯店（ホテル）の現場でも、組立て済みの窓枠を搬入するのではなく、窓枠の寸法に合わせて切断された太い丸太が運ばれてきます。

唾を吐く行為がごく普通に見られます。女生徒が自分の席を離れたいときの口実になるかのように、教室の隅まで歩いていき、痰壺に勢いよく唾を飛ばします。

小さなメロンが至るところで売られています。熟したキュウリと同じ味覚で、小粒でもすごく甘いのです。路上で、日雇い労働者《クーリー》や少年が丸かじりで食べています。

子供たちは小さな青林檎《りんご》をよく口にしています。桃は値段が高く、まだ熟していない青々した固い実が手に入ると、かぶりつきます。

鉢植えの柘榴の花が満開の季節を迎え、緋色が目にも鮮やか、なかには実を結んでいるものもあります。池に浮かぶ睡蓮の花も咲いていて、深紅の薔薇を思わせる色がなんともすてきです。つぼみがふくらんで開く間近になると、破裂寸前といった感じで、濃厚な色合いが印象的です。葉脈の様子がかすかに見える巨大な葉は、淡い緑色に光り輝いています。睡蓮は美術品として植えられたわけではありませんが、いつしか宗教画の素材にとりこまれるようになりました。聖なる睡蓮の池は手入れが行き届き、紫禁城の古くからあるお堀にも睡蓮が浮かんでいます。

北京の人口構成を見ると、女性より男性の数が圧倒的に多く、倍ほどに達します。

日曜日に、結婚式を見学しました。海軍クラブの施設で行われたのですが、アメリカの式典と見た目に大きな違いはありません。新郎新婦とも西洋式の伝統的な礼服姿です。

晩餐の席には、男性専用の食卓が六脚、女性と子供が座る食卓が三脚並べられました。女性は子供と子守役の阿媽《アマ》を連れて参加します。どこへ行くにも、この組み合わせが習慣化しています。

結婚式の席で、男性が女性に話しかけることはありません——留学経験者の場合は、まれにあるようですが。

卵の値段は十ダースで一ドル——アメリカの寄宿舎なら、欲しいだけ買える安さです。

散歩する男性は、鳥を連れています。鳥籠に入れているか、止まり木になる杖に結んだ紐で鳥の片脚をつないでいるか、どちらかです。

北京発　六月二十七日

日本のことがまったく頭に浮かばないのが不思議です。

旅行記は十行程度を読めば、その著者がどれほど深く旅を体験したかがわかりますが、日本の場合も同様です。日本の国土は美しく、旅行客へのもてなしもすばらしい。そのうえ、日本人はあらゆるものを美しく、少なくとも魅力的に見えるようにする芸術的才覚にあふれています。入念にうわべを取りつくろっても限界があり、真の芸術的才能がものを言います。存在するものすべての外面を巧みに処理する日本人の技術はこのうえありません。滞在中、日本はさまざまな専門家から成り立っている国であることを実感させられました。反面、国家間の外交に関しては、専門家の技能水準に到達しているとは思えませんでした。

新任の教育大臣代理から晩餐の席に招かれました。この人物は、過去に教育に携わった経験がまったくないようで、仲裁者的な立場を一貫して追求してきました。前任者は事態の収拾が自分の手にあまると見て辞職し、姿を消して今回の人事に至ったのです。真にリベラルな勢力はまだ、実質的な影響を政治に及ぼすほどの存在になっていないようです。

日本の影響下にある強硬派の軍閥と大総統〔徐世昌〕が率いるあまり特徴のない穏健派集団が激しく対立し、大総統側は好機に乗じて、配下の人物を次々と要職につけています。その直接の効果が如実に現れているわけではなく、対立陣営を排除する程度のことですが、自分たちに加勢するリベラル派の圧力が大きくなれば積極的な行動に出ることでしょう。

北京の暑さは格別です。昨日は人力車に乗って日中に外出したのですが、はじめて体験するほどの猛暑でした。〔カリフォルニア州の〕ヨセミテと似ていますが、長期間続くこともあり、こちらの暑さの方が強烈です。湿度の低さが唯一の救いで、もし湿度が高かったら生きていられません。ママが人力車夫に、なぜ帽子をかぶらないのかと訊ねたら、かえって暑さが増すとのことでした。無帽で五〇度を超えそうな直射日光を浴びながら、客を乗せて時速十キロに近い速さで走る姿を想像してください。炎天下で働く車夫のほとんどが、頭にはなにもかぶっていません。頑健さの賜物なのか、それとも遺伝的な体質なのか。ありとあらゆる肉体的な悪条件に順応する彼らの能力は、世界の不思議のひとつです。車夫が横になって眠りをとる場面を想像してください。

眠りに落ちる速さはナポレオン顔負けです。

中国は、移住生活の歴史をもつ国でもあります。大量の人力車夫に、車以外の眠る場所があるのか疑わしいものです。住民の大多数は、ありとあらゆる惣菜を売っている行商人から食料品を購入するのですが、惣菜を並べた店もたくさんあります。

北京発　七月二日

雨季に入りました。今日はあちこちで出水騒ぎがあり、空気もひんやりしています。気温は三五度を超える暑さから二〇度台前半まで一気に下がり、しのぎやすくなりました。

中国は絵画の題材には事欠かない国です。すごく欲しい絵があって、ひとりの初老の中国人を描いたもの。肥満気味で、つばの広い麦藁帽をかぶり、小さなクリーム色のロバの背中に跨っている図柄です。ロバが街道をのろのろと歩むのに合わせてうちわを扇ぎながら、なにが起きようと動じない感じで、満足げに世界に溶けこんでいます。この絵は、中国に関する書物の巻頭を飾る口絵として格好のものです。中国人を知るにはジョークがすべて、というわけではありません。

今日、中国の代表団がパリ講和条約への署名を拒否したという報道が流れています。このニュースはうまくでき過ぎの感じで、にわかに信じがたいほどですが、真相はわかりません。すり寄ってくる日本への迎合的態度から評判を落としている政府内の軍閥が、これまでの日本との親密さをかなぐり捨て、愛国的な姿勢を強めつつある、という観測も流れています。真偽についてはは確かめようもありませんが、軍閥が買弁的な立場を変えようとしない理由は、他に手を差し伸べる買い手が存在しないことに尽きます。

北京発　七月二日 水曜日〔同日二通目〕

当地では、不安と緊張が高まっています。講和会議派遣団が署名しなかったと報道されていますが、表現があいまいで憶測の余地があり、確認するすべがありません。

一方、学生団体などが議会の解散を要求して、新たに政府批判を再開しました。

この間、内閣は不在のまま、大総統は組閣に着手できず、陣営内部はストライキへの対応をめぐって割れているようです。

北京発　七月四日

午前中は、産業部局の長官の案内で高等師範学校を訪ねる予定です。三棟の新しい校舎を建築中で、学生たちが自ら建築計画を策定し、意匠およびディテールを設計し、さらに施工監理から日々の大工仕事まで担っています。接待役を引き受けてくれた長官は、学生たちの活動と連携して「国営産業」をおこす活動を展開してきた人物です。

現在、さまざまな事業を手がけるなかで、同業組合の指導のもと技能実習校の設立に取り組んでいます。「工場」——実際には家族経営規模のものですが——の個別事情に対応できる優秀な徒弟を育成する狙いで、新しい生産方式を導入し、新たな生産物の創出を目標に、一日に二時間の実地訓練を行っています。

金属加工を北京の新たな産業分野とする取り組みが進行中で、中国全土への広がりを長官は期待しています。アメリカは無論のこと、日本に比べても、中国の産業技術は君たちには想像できないほど立ち遅れています。その結果、中国の市場には、日本製の粗悪な商品が氾濫し、低価格にだまされて買う人が多いのです。

しかし、山東《シャンタン》絹の分野は、値段が高くてもそれに見合う値打ちがあるものとして成長が見こめます。綿織物同業組合は協業体制の確立に非常に前向きで、技能実習校が技術に精通した職工、とりわけ指導監督員を着実に育成する見通しが立てば、資金を提供することでしょう。

現在は四百万相当〔単位不明〕の綿花を日本に販売していますが、日本で紡がれた綿糸すべてを千四百万相当で買い戻して、綿織物に仕上げています。これとは別に、大量の綿布製品が輸入されています。

この十年間に中国を訪れた外国人によって「中国の目覚め」が頻りに喧伝されてきたことを何冊かの本を読んで知りました。私が同じことを口にするのはためらわれますが、商人と同業組合が生産方式を改善する試みに積極的に取り組むのは今回が初めてと思います。成功すれば、これこそ本当の目覚めです。――学生との連携が生み出した成果と言えましょう。


連日のように日本語を翻訳した資料に目を通していますが、日本人が本当に無知なのか、それとも無知を装っているのか、答えが出たら面白いですね。多分、どちらとも言えるのでしょう。中国人の心理を理解する能力が著しく日本人に不足していることは、日本の新聞・雑誌の論調にはっきり表われています。しかし、日本の報道機関も国内では一定の信頼感を確保する必要があります――つまり、中国人は日本人への依存度を自覚しており、本心ではどの外国人よりも日本人に愛着を感じているという主張です。日本との間で共通の目標を掲げることができないのは、アメリカなど外国勢の経済的・政治的動機による悪扇動が原因だというのです。

厳然たる事実として、民族的な反感と不信がこれほど悪化した例は歴史上なかったのでは、と私は考えています。日本人が中国を疎遠にしているやり方は、先例がないように思えます。中国を戦争に引きずりこみ窮地に陥れていることで、中国人のアメリカへの感情はかなり悪化しています。日本の新聞や政治家が直近の三か月間、アメリカへの非難に時間を費やしたことも影響しているのでしょうが、一方で彼らはアメリカの地でお世辞をふりまいていたのです。こうした一連の出来事がどのような結果に行きつくのか、目が離せません。

合衆国独立記念日も終わろうとしています。

実習学校の運営について、私は勘違いしていました。生徒たちは三棟の校舎の建築計画を作成し、工程を管理していますが、実作業には関与していません。木工科の生徒は、夏の間もずっと講習を受けていましたが、新校舎で使われるすべての机を製作する仕事を請け負い、学校側は作業場と木材を提供しています（食事代として月に約五ドル徴収される）。生徒たちは事実上、すべての時間をこの作業に投入しています。金属加工科の生徒は北京にとどまり、工場で働きながら生産物の改善と多角化に努めています。十八歳から二十歳の青年が祖国のために広報宣伝に携わっていることを忘れないでください。

北京の夏はすごい暑さで、木陰でも三八度近くまで気温が上がるのですが、おいしい飲み物もいろいろあって助かります。

今日の午後、ある祝典会場に足を運びました。合衆国独立記念日の騒ぎほどではありませんが、愉しめる出し物を見物できました。――特に、中国式の奇術がおもしろく、身につけている長いガウンに秘密が隠されているのですが、縁ぎりぎりまで水を満たした大きなガラスの鉢を手に掲げて動きまわるのはすごい技です。そのうえ、金魚が泳いでいる五つのガラスの鉢が出番を待つように置かれています。水をたたえた鉢を手に宙返りをすることもあるらしいのですが、残念なことに観ることができませんでした。奇術の仕掛けに複雑なものはありませんが、いままでに見た最高の芸でした。夜は、歌あり踊りありの野外演芸ショーに行くつもりでしたが、雨が降ってきたのであきらめました。

講和条約に署名しなかったことが中国にとってなにを意味するのか、誰も想像できません。政府全体としてこれを支持していますが、大総統は調印式の十日前までは、署名が必要と発言していました。一般世論の勝利であり、男女を問わない生徒や学生たちが準備した通りに事が運んだのです。

中国がこれほどのことをやってのけたのですから、アメリカは恥じてしかるべきです。

七月七日　日曜日

昨日は、ちょっと変わった自動車旅行の一日で、移動距離は百キロメートルにおよびました。砕石舗装道路の建設に至った経緯を、書いておく必要があると思います。

袁世凱が皇帝の座を狙って画策していた頃のことですが、彼の息子が足を骨折し、熱い温泉の治療効果が高いとの情報を聞きつけました。すると、官僚のひとりが、温泉地に通じる道路を建設したのです。さんざん叩かれた末に最近辞職を余儀なくされた元官僚を含めて、当代の官僚のなかには温泉地やホテルを所有する者がいるので、こうした道路の整備は今後も続けられることでしょう。ドライブの途上、「白蛇伝説の村」や「美徳の村」の近くも通りました。

ＹＭＣＡや赤十字社の関係者は、帰国の際、依然としてシベリア経由を利用しています。彼らが帰国後、自由に発言するのか私にはわかりません。厄介な問題のひとつで、彼らの発言内容がアメリカの外交関係の改善に資するとも思えません。村を襲撃し、略奪行為を働くのはボルシェビキだけではありませんが――これまでのところ、アメリカ人はそうした行為には無縁です。

北京発　七月八日

今朝の新聞各紙の報道によれば、日本政府はドイツとの秘密条約の存在を否定しました。一般の世論も密約の存在には疑問を呈しているようですが、下準備が進められていたという憶測が流れていたことも事実です。

以前、北京駐在のアメリカ政府高官から夕食の席で聞いた話ですが、アメリカが開戦必至とみて中国との最終調整を終えて以降、日本も中国における自国領土の譲渡についてロシアの了承を得るなど、連合国の側で参戦する準備を完了したとのこと。

日本は依然として、群れを離れた猫に狙いを定めているのです。同時に、国内の政治体制の解体を画策しているようにも思えます。この現状変更は、外交と米価問題*における失敗への対応として解釈されています。さらに悪い方向に進む可能性もあり予断を許しませんが、日本が体制刷新に着手しているのは確かでしょう。

日本の立憲政治について言及すれば、国会議員選挙の結果について長老の政治家たちがまったく意に介していないと知って、あれこれ心配することをやめました。選挙の結果とは関係なく、長老たちの利権はさまざまな方法で確保されていて、なんの変化も起きず、さまざまな法案が採択されても同じです。いかなる法案も有力者の承認なくして上程されることはありえず、どんなに議論を重ねても結果は目に見えています。変化に時間を要するのも当然で、ことによると変化が現実に訪れるとすれば、予期せざる革命の形で到来するしかないのかも知れません。

最新の報道によれば北京大学校長〔蔡元培〕は、今後いかなる政治的問題においても学生たちが自分の同意を得ずに行動しない、という条件のもとでのみ復職すると発言しました。この声明が譲歩なのか、あるいはいずれの陣営とも即座に協調することを匂わせる巧妙な手口なのか、私には想像がおよびません。蔡校長の復職に関する声明は、事態はまもなく正常な状態に戻るものの、新たな混乱への対応も忘れていないことを示唆しているのでしょう。

住宅事情について考えると、途方に暮れる思いがします。

ロックフェラー財団の職員は、自分たちのために新築された中国様式の住宅で快適に暮らしていて、賃貸用の粗末なつくりとは大違いです。北京市内の家屋はすべてアメリカの薪小屋に似たつくりで、土を均した上に石を敷いて建てられているので、地表からの高さは五センチほどしかありません。雨が激しく降ると中庭は水浸しで、数日間、場合によっては数週間も水が引かず、外壁の下部には五十センチもの水たまりができてしまいます。

昨日は、ある中国の友人のお宅を訪問したのですが、宅地全体がそんな状態でも気にしている様子はありません。屋内に浴槽を設置すると給水車への支払いが倍になり、水を運んだりお湯を沸かすのが面倒なうえに、残り湯は人に頼んでバケツで汲み出すしかありません。際限なく仕事がつながり、蜜蜂の共同体を連想させるこの社会が、厳しい環境を生きぬくためのさまざまな手段をどのように見出していくのかが一望できます。

ロックフェラー財団のある幹部から目撃談として聞いた話ですが、日雇い労働者《クーリー》は路上で鉄屑を見つけると、どんなに小さなものでもすばやく自分のものにするそうです。生活が困窮すると道徳観念の基準が根本から一変してしまいます。中国では、食料を盗んだ者に罪を悟らせることはできないでしょう。

〔訳注〕＊　前年、米価暴騰を機に空前の民衆暴動が起き、軍隊が出動した。

北京発　七月八日〔同日二通目〕

ロックフェラー財団のいくつかの建物は、資力さえあればなにができるかを示す絶好の見本です。この疲弊し弱体化した都市のど真ん中に、現代性とみごとに一体化しながら過去の栄光をたたえる記念碑のように光彩を放っています。伝統的な中国様式建築の最良の水準を体現し、屋根は黄色ではなく緑色で統一され、平屋建てでなく三階建てが採用されています。

中国が遅れを取りもどし、進むべき道を知るのにどのくらいの期間が必要とされるのでしょうか？　中国の人々は、理解がおよばない治療法を怖れて外国系の病院に寄りつかないそうです。一方、財団側の取り組みは、宣教師たちが日常的に行っていたことの半分にも届いていません。医師には中国人が多数いて、女性にも就業機会は開放されています。現在、中国では女性医師への需要が高まっていますが、この仕事への理解が深まり、社会に定着するにはひと世代ほどの期間を要することでしょう。

この壮大な建築施設が、北京にある最も大きな日本の病院や学校の施設を取り囲んで貧弱なものに見せ、日本人の自尊心を傷つけていることを、中国の人々が話題にするというのも興味をそそられる話です。

工事は完成間近で、その全容が姿を現す前に、がらくたも同然の古い骨組みはすべて解体されます。三十五棟の中国様式の建築がすでに完成していますが、教員の住居も含めすべて現代的な快適さを満たしています。その他に、ミッション系の医療カレッジから引き継いだ校舎が多数あり、買い取られた皇子の宮殿の一部も使われることになりますが、外国人家族の住まいとしては、かつて暮らしていた複数の奥方には申し訳ないのですが、不便で不快きわまりないものでしょう。

北京発　七月十一日

見たこともないようなメロン類の数々。西瓜《すいか》は南部諸州の黒人でも尻ごみするような、路上に山積みの状態で売られています。実を切るとアイスクリームのような黄色味を帯びていますが、アメリカ産ほど水分は多くありません。マスクメロンは香ばしさの点でアメリカ産にかなり劣りますが、大きな梨のような形で、酸味があります。ちょうど、きゅうりを口にしたときのようにピリッとします。種子が中心部に集まっているのはアメリカ産と同じです。

整理整頓の行き届いた中国のお宅でクッキーやケーキをいただくと、食の愉しみを最初に覚えたのはアメリカ人でもヨーロッパ人でもないことを実感します。パンひとつとっても、煮たり、蒸したり、揚げたりとさまざまです——この地方では米でなく小麦を主食にしています。

ドーナツのおいしさは格別で、親しくなった船長さんに頼んで、グランマ《おばあちゃん》に届けてもらいたいほど。スポンジケーキを除けば日本になかったものばかりで、中国ではじめて口にすると、アメリカあるいはヨーロッパから持ちこまれたものという直感が働きます。

ルーエラ・マイナー*の著作『中国のふたりの英雄』Two Heroes of Cathay〔未訳〕を読めば、アメリカが過去に中国人をどう遇してきたか、これに対して、中国の人々がアメリカとアメリカ人に好意を抱いてきたことが理解できるはずです。そのうえで、大戦前のキリスト教信仰の面ではアメリカ人よりも、中国人のほうがいくつかの点で先を進んでいたことが実感できるでしょう。

以前、杭州から出した手紙に、ふたりの中国の役人を記念して建てられた碑と聖堂を見たことについて書いたはず。** ふたりは、義和団の乱に際して、州当局への電文に書かれていた「外国人はひとり残らず殺害せよ」の一節を「ひとり残らず保護せよ」と読み替えたことが原因で惨殺されました。聖堂が中国の人々によって維持管理されてきたことは言うまでもありませんが、中国に住む外国人にこの出来事はほとんど知られていません。

中国の芸術は実際のところ無邪気な表現が支配的ですが、いかがわしさ《クイアー》にこそ根源的なものがあると考えるアメリカの新しい潮流の芸術家は中国に来て、昔ながらの住まいに暮らしながら中国の芸術を研究するべきでしょう。鮮やかな色彩へのこだわりとその色彩の組み合わせに関する理解の深さ、数があまり多くない装飾文様をくり返し引用する多種多様な使い方、なんらかの物語や着想を示唆したり、中国的なユーモア感覚に訴える技巧への執着——、これらは芸術における無邪気さという点で、〔ニューヨークの〕グリニッチ・ビレッジで広まっているものよりはるかに先を行くものです。

北京YMCAにて　七月十七日

夕刻、ひとりの朝鮮人の若者が当地に着き、私たちの宿泊先のベランダで、帰化した同胞と合流しました。青年は英語がほとんど話せず、私たちを含めた三者間の会話は朝鮮語と英語が入り乱れて進められました。朝鮮人学生の国境越えが絶えず、かなりの数にのぼるようです。

中国の学生になるには六年間の居住が必要条件で、三年に短縮する方法もあります。いずれにせよ、日本の圧政から逃れる手段としてのアメリカ留学が実現するまでの待機期間にあてられます。中国に帰化した年上の青年はかなり興奮している様子でした。ふたりとも言動が大げさな性

〔訳注〕　＊　セアラ・ルーエラ・マイナー（一八六一－一九三五）アメリカの教育者、キリスト教宣教師。中国に渡り、布教に努めながら、一九〇五年に中国初の女子大学である華北協和女子大学を設立するなど教育事業に献身した。
＊＊　該当する手紙は本書に収録されていない。

質らしく、身ぶり手ぶりが頻繁に飛び出します。私たちの朝鮮訪問を強くすすめて、数点の絵画をぜひ鑑賞してほしいので案内すると言います。いろいろな話を聞かされて考えるところがあり、朝鮮の案内書を読んでは、気候の穏やかな時期を考えながら、手頃な宿泊地をさがすなど思いをめぐらしているところです。

朝鮮をめぐる状況の深刻さを最初に知ったのは三月初め、日本滞在中のことでした。その日は朝鮮の皇太子*の葬儀のため休日でしたが、齢を重ねた皇太子が自害したという噂を新聞が報道するなど、葬礼が終わってから関連する情報が耳に入ってきました。アメリカでもこの話が流れているのではありませんか。事実はなんらかの形で漏れ出るものです。日本で養育された若い皇子の日本の皇女との結婚話を阻むために自害したことが、いまでは知れ渡っています。

結婚は挙式の三日前に起きた皇太子の死によって、二年延期されましたが、その間に、日本の支配が弱体化することを朝鮮の人々は期待しています。いまでは誰もが知っているように、この三月以降、新しい動きが進行していて、皇太子の死はこれを促進する結果になりました。日本は朝鮮における政治改革の実行を宣伝している以上、こうした世評を無視できず、支配の実態といずれ到来する対外的な緊張関係を覆い隠そうとするはずです。

日本人がやっていることは、イタリアの移民労働者を搾取する請負師や手口の巧妙な新興成金に似たところがあります。ただし、西洋世界の効率性をそれなりに身につけている点で、近隣諸国より控えめに見ても一世代は先を進んでいます。過去の経験を活かしながら、新たに吸収した知識への理解を深め、習得した技術や知見を総動員して自国の富を築きあげ、盤石なものにする方向を突き進んでいるのです。大きな障害もなく短期間のうちに成功した反面、長期的に見ると、その影響は破壊的なものとして現われかねません。とはいえ、日本がある種の効率性を発揮しているのは確かであり、そのおかげで実際の能力より一歩進んだところに到達できたのです。

ウィルソン〔合衆国大統領〕の表現によれば実利面での必要性を優先した譲歩への釈明を、講和会議が理解できなかったことは明らかです。彼の演説がもたらした最初の反響が中国にいる私たちにも聞こえてきます。中国に来てから変化した私たちの感じ方や徐々にわかってきたさまざまな事実についてじっくり考えると、中国で当たり前のことと見なされている事柄について君たちに説明を尽す必要があると実感しています。

以前、雑誌の古い号に目を通していたら、日本滞在中のあるアメリカ人旅行者が日本に所蔵されている王宮の財宝に関する指令を受けたという記事を目にしました。この指令が適用されるのは日本の財宝に限られていたようです。当のアメリカ人は以前、講演をした際に、中国は落ちぶれ果てて庇護者を必要としており、日本がその役割を果たすべきことは歴史的経緯から当然である、という趣旨のことを発言していました。中国を混乱させている元凶であり、外国介入の尖兵

〔訳注〕＊　大皇帝の誤り（以下も同じ）。東京発三月十日付の書簡を参照。

として政権を牽制する力をもつ軍閥が、「当然」の論理をもとにこうした考え方に立っているのは事実のように思えます。

今日の中国で権力の頂点に立っているのは通称リトル・シュー、「小さな靴」を意味するニックネームでよく知られているシュー〔宣統帝の略称〕です。*若き皇帝は西半球に渡った経験がなく、領土の一部を渡す相手先として、中国を食い物にすることしか頭にない西洋の諸外国よりも、支援を惜しまない日本のほうが中国にとって有利と考えています。日本の軍閥の支援のもとに安定した政権を樹立できるなら、自力での国家建設が可能という考えです。

リトル・シューは、悲しい運のめぐりあわせで、立法府からモンゴルの軍事独裁者の職位に指名されました。この結果、農業をはじめとするさまざまな事業の用途に軍隊を派遣する全権を付与されたのです。要するに、中国が保有するモンゴル全域の絶対的な独裁者となりました。モンゴル東部は、日本が二十一か条要求にもとづき九十九年間の租借地として絶対的に支配する内モンゴルに隣接しています。

この法案が議会で採択されてから数日が経過しましたが、一般に知られる限りなにも起きていませんし、友人たちによれば内閣などの責任主体が不在でも政府は十分持ちこたえるそうです。国民の大半は現状に不満を抱きながら、外国勢の介入と国内組織が不在の状況に堪え、日本をはじめとする強奪者たちに売りとばされた国の姿を見ているしかありません。

〔週刊誌〕ミラーズ・レビューを入手できたら、報道機関の許諾権限を握る外国審議会の最近の活動に関する記事に目を通してください。私の見立てによれば、法案を成立させたのはこの審議会です。幸いなことにこの法令には合法性がなく、上海の中国評議会は承認しないでしょう。

シベリア経由など各地からアメリカへ帰国の途上にあるＹＭＣＡの幹部職員数人が、私たちの宿泊先を訪ねて来ました。いろいろな話を聞きましたが、相も変わらず恐ろしいことばかり。同胞のアメリカ人はなにをするにも人数が限られていて、手に負えない状況に陥っているようです。

カナダ人は独特な考え方をするらしく、中国から手を引いて帰国してしまうと私は見ています。日本人は少なくとも七万人が中国に住んでいますが、それを上まわる数が船で渡ってきた可能性があります。日本が鉄道を管轄しているので、輸送記録を追えません。日本が常時、自らの状況判断にもとづき人を移動させていることは間違いありません。誰もが認めるところですが、日本兵は四面楚歌の状態で士気の低下が蔓延していますが、対照的に中国の兵士は全面的に歓迎されています。

〔訳注〕＊ 幼年期に即位した清朝第十二代で最後の皇帝・宣統帝（在位一九〇八－一二）、後に満州国皇帝となる（一九〇六－一九六七）。

一方、日本国内では米価の暴騰など食糧問題をめぐる不満が深刻化していることが明らかです。石井〔菊次郎〕子爵*のインタビュー記事は面白い読み物です。結論は相も変らぬもので、アメリカの好戦派への懸念が緊急性を帯びてきたという主張です。日本滞在中は、反アメリカ的扇動は理解しがたいものでしたが、いまでは、その真意がわからないでもありません。

こうした言動は実効性あるものでしょうか？　新たな世界大戦への準備がすでに始まっているのでしょうか？

学生のストライキが兵士たちの考え方にかなりの変化をおよぼした、と当地では評価されています。高等師範学校の生徒たちは、大学の拘置施設から釈放されたものの、兵士の思想改造が道半ばで終わってしまい心残りであると表明しました。その後、生徒たちを監視する兵士は、四時間毎の交代制に変更されました。

雨が切れ目なく降っていることを口実に、私の教師役は姿を見せなかったのですが、中国人の性格をよく表わしています。その教師は人力車を使う習慣がなく、授業を休まずに車賃の支払にあてる、とは考えないのでしょう。

雨が降った際の道のぬかるみは、砂利敷きになる以前の〔ニューヨーク市〕ロングアイランドとそっくりですが、こちらの方がどろどろで滑りやすく、水たまりが多いのも確かです。

北京発　七月十七日〔同日二通目〕

私たちの手紙はいずれも日本の検閲を無事に通ったことを知り、喜んでいます。検閲に一貫性がないと君たちから聞いていたので、運が良かったのかも知れませんが、おかしなことは一切書いていないのは明白です。

強い関心をもって身構えていないと、進行している事態の脈絡を見失ってしまいます。中国が講和条約に署名しなかったことで、北京は静まりかえった状況ですが、数か月間ひっきりなしに続いた興奮気味の報道が途絶えて、気が抜けた感じです。そうしたなかでも、私たちは革命あるいはクーデター、つまり停滞した空気を一転させるような出来事が起きることに望みをつないでいます。

大学校長――五月はじめに出した手紙をご覧あれ――が復職する意向を声明で公表したことを知ったら、君たちも喜んでくれるでしょう。校長が示した条件に政府は同意したものと思われますが、そのなかには警察が学生たちに干渉せず、大学当局に統制をゆだねることも含まれていま

〔訳注〕　＊　石井菊次郎（一八六六―一九四五）　アメリカ特派大使として一九一七年、中国問題に関する日米間の合意、いわゆる石井・ランシング協定を締結した。

す。辞職して姿をくらまし、説得された形で復職する、というのもひとつの技術です。

最悪なことにウィルソン〔合衆国大統領〕は、このことを学んでいませんでした。中国の講和全権委員が本国に報告したことですが、ロイド・ジョージ*は事前に知らされずにいた日本の二十一か条要求がいかなるものか問い合わせてきたそうです。ところが、中国はバルフォア**をきわめて信頼に足る人物とみなしていたのです。

議論をわかりやすくするために付け加えますが、知り合いの中国人一家の使用人が後輩の少年に教えこんだことのひとつが、中国人は外国人よりもはるかに清潔好き、ということでした。具体例として挙げるのは、耳掃除の職人に目立たないように出入りさせる、その手順。争う余地のない議論です。

中国語の発音を身につけるという魅力的な課題にママが懸命になって取り組む様子が階下から伝わってきます。中国語の会話で使用されるのはすべて一音節の四百語にすぎませんが、話す際には、いずれも声調《トーン》を変えます。この地域では声調が四つですが、南下するに従って声調の数が増え、広東では十二以上になります。書く際には、語根の数はわずか二百十四ですが、さまざまに組み合わされます。

私の苗字は中国ではＤｕ、名前はＷｅｉです。Ｄｕの二文字は、それぞれ樹と大地を意味しています。Ｗｅｉのひとつの字は女性を、ひとつは投げ矢を意味するのですが、残りのひとつはわかりません。大地と樹が結合してＤｕとなる過程を訊かれても私にはわかりません。

北京発　七月十九日

先日、若き満州族皇帝の個人教師をつとめるイギリス人***に会いました。他にも中国人の教師が三人いますが、このイギリス人は英語のほかに数学や科学などを教え始めて三か月経ったところです。

いかにも中国人のやり方と思えますが、皇帝一族を誰ひとり殺害しないどころか、帝都の宮殿の一郭に一族を住まわせたうえに四百万メキシコ・ドルの年収を保証し、皇帝を名のる十三歳の少年に、宦官が両手両膝をつき這いつくばうように仕えているのです。

ただし、言うまでもなく事実上の軟禁状態にあり、父と弟に月一回の面会しか許されていません。遊び相手もいません。こうした場景を想像のままに思い描くなら、中国にはまだ小説よりも

〔訳注〕　＊　デイヴィッド・ロイド・ジョージ（一八六三－一九四五）イギリスの政治家。第一次大戦中に首相に就任。講和会議に参加した。

＊＊　アーサー・ジェイムズ・バルフォア（一八四八－一九三〇）イギリスの政治家。大蔵卿として中国分割をめぐる交渉に参加。一九〇二年、首相に就任した。

＊＊＊　レジナルド・ジョンストン（一八七四－一九三八）一八九八年、イギリス植民地省の官吏として中国に赴任。著書に『紫禁城の黄昏』がある。

不思議な空間が残されているのです。

個人教師たちは、皇帝陛下に言葉をかける際にひざまずくことはありません。教師が部屋に入ってきて着席するまで皇帝は立ったままの姿勢です。これが崇敬の念をあらわす古くからの慣習であり、かつてのタタール人も教育・訓練の場ではこうした考えを貫いていました。

皇帝が散歩する場所として中国式庭園がありますが、乗馬などスポーツを愉しむ空間はありません。お会いした教師は政府当局に働きかけて、皇帝を郊外に連れ出し、遊び仲間との気晴らしや運動をする機会をつくろうと試みています。また、宦官の廃止まで考えていますが、自分が排除される可能性の方が高いと考えているようです。

若き皇帝は頭脳明晰で、あらゆる新聞に目を通し、政治に大きな関心を寄せてパリ講和会議の経過も頭に入っています。あらゆる国々の政治家について知識があり、要するに、同年代の少年たちに比べてはるかに、世界の政治動向を知りぬいているのです。また、中国の古典をよく学んでいます。この少年が陰謀と策略の中心に身を置くことについて、中国の人々が心配している気配はまったく感じられません。しかし、私の推測によれば、一般の人々が君主政治の復活を望むことがなければ、皇帝はなにひとつできません。仮に復位が実現するとしたら天の意志によるもの、と考えているのです。

北京が雨季に入ったことを、きちんと伝えていなかったかも知れません。昨日の午後、私たちが滞在しているホテルの前の脇道が深さ四、五十センチの川のようになってしまい、どうなることか心配しました。ＹＭＣＡの建物がある目抜き通りでも、家と家が接する外壁の間に深さ十五センチくらいの水溜まりができました。この大通りは〔ニューヨークの〕ブロードウェイよりも道幅がありますが、ちょっと見慣れない光景になりました。

北京は、数百年の昔から下水道が整備されていますが、中に人が立てるほどの高さです。ただし、排水の流れはあまり速くありません。氾濫が発生し、家を失った人々が多数におよんだ今回の水害については、いずれ中国から発信される電文が目に触れることと思います。

黄河は、時にその流れが多くの災禍をもたらすことで知られています。聞いた話では、一年ほど前、宣教師たちが水害救援活動のために現地に向かい、布教の時間がとれないほどの活動に明け暮れました。その救援活動が好評を博したので、行く先々で、住民が大挙して教会に向かうことのないよう妨害する動きも見られたそうです。しかし、最良の布教手段として災害救援に取り組んだということではないでしょう。洪水の主たる要因は、政府の森林破壊政策です。地中に埋葬される柩《ひつぎ》の大きさを見たうえで、中国の乏しい森林資源の大半が柩の材料になることを知れば、必要量に見合う植樹を国民に義務づける法律の制定に賛成することになりましょう。

当地で知りあった中国人の友人のひとりは、政治家を辞職して日の浅い有力者です。昨夜、中国人が興味を示すような話を聞かせてくれました。和平交渉が進められている時期に、滞在中の日本の大臣が大総統のもとを足繁く訪れて得た情報を鵜呑みにして、連日のように、中国代表団は間違いなく講和条約に署名すると東京政府に打電していたというのです。報告内容が事実と異なったこの人物が、政府への釈明に追われ窮地に立っているのは当然です。

中国が署名しないことが明らかになるとこの人物は、私たちの友人に代理人を差し向けて、中国政府はずっと嘘をついていたのかと問い詰めました。友人の答えは、嘘などついていない、政府より大きな力をもつ国民の存在があり、派遣された代表団はその国民に従ったまで、このことを日本政府はよく理解すべきだ、というものでした。こう言われても日本政府としては　意図的に欺かれていたのか否か、結論を下せないままでしょう。

ただし全体を通して最悪なことに、知性ある中国人でさえアメリカと日本の戦争をあてにしており、アメリカが中国の側に立って戦争に踏み切ることはないと知ったときに、強い反発が生じる可能性があります。しかし、アメリカが権力を行使して抗争を終結させ、軍備縮小を強行してある種の公正な和平を実現するなら、中国におけるアメリカの影響力は計り知れないほど大きくなるでしょう。

ところが実際に人々の頭に浮かぶのは、「力が支配する」という格言や、アメリカに対抗する日本の道義的な力の過大視なのです。もしアメリカが「理想」を見据えようとしないなら、なにも公言できませんし、逆にはっきりと理想を表明するなら、たとえ全世界を敵に回しても、その実現に向けて力を尽くす義務が生じます——こうしたことはアメリカで考えるより、中国に身を置くと理解しやすいのです。しかし、わが国の財政逼迫や食糧・原材料の調達難という現実の脅威は、ウィルソンの引き延ばし策の口実に使われてしまうことでしょう。

大学の校長に関連するもうひとつの出来事が起きています。彼は政略家とは程遠い人物ですが、近年の混乱と学生の暴動の責任を軍閥から追及されています。校長の復職が発表されてからも、軍閥の議会内党派である安福倶楽部《アンフークラブ》は依然として復職への妨害を続けているのです。先日は、大学生数人を招いて宴会を催し、買収工作に手をつけています。宴会の最後には、ひとりひとりに翌日の人力車代として一ドル以上の金を渡し、大学で開かれる集会に参加しないよう画策したのです。

宴会に参加した学生は十五人でしたが、怪しげな気配に気づいた見張りが警報を鳴らすと百人ほどの学生が集まり、賄賂を受けとった学生を閉じこめました。事態の全容を告白して書面に署名するまで解放せず、決議文とあらかじめ準備されていた謄写版印刷のチラシを探し出したのです。チラシには、学生の大多数は校長の復職を望んでいないし、騒ぎたてる少数の学生が一般学生に意見を押しつけている、などと書かれてありました。その翌日、安福倶楽部が発行した文書は、大学の混乱をある人物が扇動していることを書きたてたのですが、名指しされた人物は当日、大学に一歩も足を踏み入れていませんでした。

北京発　七月二十四日

多分、九月には満州に、続けて十月には上海に行くことになりそうです。上海はいま注目の的になっていて、文民の知事が公務に献身的に取り組み、児童の就学率は六割を超え、来年の義務教育施行に向けて準備が進められています。外国からの援助がなくても中国にはこれだけの実行力があります。外国の支援は、中国の未来に希望を感じさせる反面、ほとんどの場合、非能率と汚職を蔓延させてしまう原因になってしまうのです。

全体的な印象として、現在の状況がいつまでも続くことはありえず、なんらかの形で転換が訪れるに違いありません。学生たちの憤激は、活発な政治行動の面では下火になりましたが、知的活動は絶えることなく継続しています。たとえば天津では、数紙の日刊新聞が一銅貨の安価で発行されています。山東省では最近、多くの学生が日本の官憲に逮捕されていますが、学生たちの活動が盛り上がっている証拠でしょう。休暇に入ったら、天津めがけて学生たちの大量移動《エクソダス》が見られるのではないでしょうか。

日本の友人X氏〔新渡戸稲造〕が、山東省案件への中国の対応に反感を募らせていると耳にしました。X氏の言い分は——日本は山東省返還を約束したが、課題処理にあたる安定政権が中国にできるまで、その実現は不可能。中国の現政権は非常に弱体で、他の強国にあっさりと自国領土を引き渡しかねず、日本を攻撃するよりも自国の課題に向き合い、秩序回復に専念すべし――というものです。この主張はかなり真実をついており、知性に富み、リベラルな考えの持ち主であるX氏として当然の主張です。ただし、X氏のような日本人でも理解できないのは、日本に真実が伝わっていないために、弱体で国民を代表しているとは言いがたい中国政権を支え続ける日本政府の責任です。中国が衰退と分裂を続けるとの見通しは、山東省返還の先延ばしや他の地域への干渉の口実を提供してくれる点で、日本政府にはうってつけなのです。

中国における全般的な混乱や日本との摩擦を生む特別な要因について理解がおよばない人物でも、約束された返還の先延ばしに関するもっともらしい弁明が延々と続くことは予見できます。いずれにしても日本が返還を約束した事実は、日本が領土占有について主張する権利の前では、無に帰してしまうのです。

つい先週のこと、満州で武力衝突が起こり、日本軍兵士十五人から二十人が中国軍に殺害されたとの報道がありました。この種の紛争はいつでも起きる可能性があり、すみやかに解決されなければなりません。もし他の諸国が、国際的な安全保障の維持を優先させて譲歩するならば、日本に制約を課すことになりますが、イギリスが香港を手放すとは思えません。

ただし、アメリカに次ぐ地位にありアヘン取引を禁じているイギリスは、中国との交渉において強大国のなかでは最も穏健な態度をとっています。私もはじめのうちは正反対の偏見をもっていましたが、イギリスの中国における実際の行動には強奪的な面が見られないことを知り、驚きました。言うまでもなく、イギリスの唯一最大の関心事はインドであり、対中国政策もインドへの対応が主軸とされ、付随的な事柄に関しては最小限の利益確保で満足しています。

〔後日発信〕七月二十七日

以前の手紙に書いたと思いますが、ある講演会場で五歳位に見える少年が中央の通路を歩いてきて、真剣な表情で私をじっと見上げたまま、平然とした様子で十五分ほど私の間近に立っていたことがありました。

一昨日の夜、中国の友人に案内された中国料理店で夕食をとっていると、給仕役の少年が食事中の部屋に入ってきて、中国語で熱心に話し始めました。友人によると、自分の叔父を知っているかと私に訊ねているらしいのです。まさに、講演する私を見上げていた少年で、叔父がコロンビア大学に留学中とのこと。

T氏に会う機会があったら、私に代わって、甥のことを話題にしてください。私たちの席に、その少年は何度か姿を現わしたのですが、真剣な表情を崩さず終始落ちついた態度でした。求めに応じて私の名刺を渡すと、上質の紙に丁寧に包んでいました。

レストランの近くに蓮を浮かべた池があり、ちょうど花が満開でした。その見事さは言葉で表現できないほど。君たちには、来年の夏に訪れて実際に見届けることをお勧めするしかありません。

北京発　八月四日

先週の二日間、天津で開催された教育関連の会議に参加しました。省の長官が主催して、高等学校の校長全員を招集し、秋学期の開始にあたりさまざまな問題を議論するものでした。学校上層部のほとんどはきわめて保守的な考えの持ち主で、学生のストライキや政治参加に強く反対しました。夏の間ずっと政治にかかわっていた学生たちが学校の規律――すべて寄宿制の学校です――に従わないことを懸念する校長たちは、新学期の始まりに神経をとがらせて臆病になり、数か月間、政府の管理下においてから学校を再開したい考えです。

リベラルな考えの校長は少数派ですが、学生が平静を取りもどし学業に専念することを望む一方で、学生たちの経験が大きな教育的価値となり、新しい社会的視点を身につけて学校に戻ってくるものと考えて、授業のあり方は――さらには、学校規則も――新しい状況にあわせて変更されるべき、と主張しています。

ある日、天津の私立高校に行った際、おいしい中国料理の昼食をいただきました。この学校は十五年ほど前に、個人邸を校舎にして開設され、当初の生徒数は六名でした。いまでは生徒数は千百人、八万平方メートルを優に超える敷地に第一大学棟を建築中で、この秋には百人の新入生を迎え入れます。すべて中国人の支援と管理による学校運営。キリスト教系のミッションスクールではありませんが、校長は熱心なクリスチャンで、キリストの教えだけが中国を救うという考えの持ち主です。代表的な後援者は英語を話せない年配の非キリスト系の学者ですが、現代的な思想の持ち主です。校長の説明によれば、二年前に校長三名で世界中の教育事情を視察したときのひとりとのこと。

アメリカ政府が、ニューヨークからサンフランシスコまでの移動に際して、私服刑事の護衛をひとり帯同させたのですが、この中国人の老紳士に好印象を抱いて、こう言ったそうです。「いったいどんな教育をすれば、こうした立派な人物になれるのですか？　はじめてお目にかかるすばらしい紳士ぶり。西洋の学識者は、この方とは比べものになりません」

確かに西洋の男性は、礼儀作法の面では世界の先端を行く存在です。日本人と同じように丁寧な態度を装っていますが、ごく自然なふるまい方という面ではかなり見劣りします。ただし、こうした類の人物ばかりというわけではありませんが。

中国人の消極性や無抵抗な態度に宣教師たちの教えがどれほどの影響をおよぼしたのか、校長に訊ねました。校長の説明は、アメリカ人とイギリス人でかなり違うし、同じアメリカ人でも年齢層によって違いがある――特に、アメリカのキリスト教青年会（ＹＭＣＡ）は不介入主義の視点を放棄して、キリスト教会は社会環境の変革に関与すべしとの見解をもっている、というものでした。ＹＭＣＡは以前のような宣教師集団というより、社会事業家の集団であり、所属する誰もが有望な青年であるとの説明もありました。おそらく中国のＹＭＣＡは、教会内部の腐敗を一掃し社会的信仰の性格を強めることによって、キリスト教世界に活気をとりもどすことでしょう。

校長は教員養成大学の出身者として、中国の教育界で最も影響力のある人物のひとりですが、会話のなかで比喩的表現を多用する彼の発言を正確に思いだすことができず残念です。話題は多岐にわたりましたが、日本人の実行力と中国人の怠慢ぶりに触れて、日本人は周囲のあらゆる変化に反応する温度計の水銀柱、中国人は熱を加えてもなかなか温かくならず、低温でも凍結しない綿《わた》のようなもの、と解説してくれました。

その説明は、私のなかで以前よりも有力になりつつある考え、つまり、中国人の保守的気質は知性と思慮深さによるものであり、慣習への固執とは異なるという見方を裏づけてくれました。中国人の考え方に変化が生じるときには、比較にならないほど、日本人より徹底的に、より広範囲にわたって変革をなし遂げることでしょう。

現在の教育大臣代理は以下の条件のもとに就任を認められたようです。大学を解散すること、校長の復職を阻むこと、高等学校の現校長全員を罷免することの三条件です。無論、実現できないことばかりですから、安福倶楽部は腹立たしい思いをしています。大臣代理は口のうまい策士との評判で、リベラル派の友人たちと夕食を共にしたとき、自分に向けられた中傷のひどさを訴えていました。――安福倶楽部の一員との噂もありますが。

天津から北京に帰る途上で、中国の別の一面に思いあたりました。同行者のなかに前の財務大臣がいて紹介されたのですが、この人物は、アメリカで高等数学分野のPh.Dを取得している高度な知的能力の持ち主です。ところが彼の話題は、精神現象、憑依および予知能力を科学的に解明する必要性を強調するもので、その目的は霊魂に支配的な影響力をもつ心の動きの科学的推定でした。

関連して、中国の幽霊話をたくさん聞かせてもらいました。話の内容は別として、それらが中国独特のものかわかりませんが、私が知るアメリカの心霊主義者よりも、はるかに聡明な知性の持ち主であることは確かです。しかし、亡霊《ゴースト》は間違いなく中国独特のもので、ほとんどが霊の憑依現象です。

ご存じと思いますが、富裕層が住む中国の家屋の正面に立つ障壁は、霊魂を遮断するためのものです。霊は角を曲がることができないので、玄関口の真正面に壁があることで、家の安全が守られるのです。この壁がないと、霊が屋内に侵入して、――家族がなにか不安を抱えている場合――誰かに憑依してしまいます。

天津には、心霊研究に大きな関心をもつ時代遅れの政治屋集団が確固として存在しているようです。中国が亡霊の発祥の地であることを考えると、西洋の研究者がなぜ現地での調査に着手しないのか理解できません。中国の幽霊話には粗雑さがなく洗練された一面があり、学識のあるこれらの中国人が軽率で信じやすいというわけではないのです。

――了――

訳者あとがき

本書は、John Dewey and Alice Chipman Dewey, Letters from China and Japan（E. P. DUTTON & COMPANY, 1920）の全訳である。

思想・哲学の世界で再び脚光を浴びているプラグマティズムの創始者のひとりジョン・デューイが、妻のアリス・チップマン・デューイとともに日本と中国を訪問するに至った経緯は、巻頭の序文で簡潔に紹介されている。

一九一九（大正八）年一月二十二日にサンフランシスコを出航した日本の旅客船・春洋丸は、二月九日に横浜港に到着。以降、中国に向けて神戸港を出発する四月末まで、各地での交流や講演活動にデューイは意欲的に取り組んだ。教育改革運動の同志的存在であるアリス夫人も女性たちの集会に参加し、求めに応じて講演を行った。

かつてミシガン大学で面識のあった小野英二郎（当時、日本興業銀行副総裁）や教え子の田中王道、帆足理一郎など有力な学識者や実業家の尽力と周到な準備に支えられた滞在生活であった。邸宅を夫妻の宿泊先に提供した新渡戸稲造ならびに財務面の支援を惜しまなかった渋沢栄一両氏の貢献は特筆すべきものがあった。

「（日本からの）帰国前にとりあえず数週間の予定で」足を伸ばした中国の上海に着いた直後、「国内が一体となって独立を志向する民主主義闘争」（五四運動）に遭遇し、大衆的な運動の展開に魅入られるように夫妻は滞在期間を大幅に延長した。

収録された手紙には、発信地（上海、北京、南京）の他、天津を訪れたことが書かれているが、二一年七月下旬に中国の地を離れ、神戸・横浜経由で帰国するまでの二年半の間に、北は瀋陽（奉天）、南は福州に至るまで二十余の都市を訪れている。足を踏み入れた地方（省）は、遼寧、山西、浙江、江蘇、江西、河北、湖北、湖南、福建、広東、青海、陝西など全二十二省のうち十三におよび、各地での講演は数百回を数える。南京には六週間滞在し、五十回近く演壇に立ったという。

教育改革運動の前線に立っていたアリス夫人も行程をほぼ共にして、多くの都市で女性たちの集会に参加し、女子高等教育の権利拡大や女性参政権獲得など自らの運動の経験をもとに弁論を展開した。夫妻で、同じ会場の演壇に立つ機会もあった。

「夫妻ともに、西洋の民主主義が古代以来の帝国にもたらされる道筋を説明しようと懸命な思いで講演を重ね、議論の場を共有しています」という編者（長女エヴリン）による序文の一節を彷彿とさせる。こうした集中的な啓蒙活動は、中国の教育・社会改革運動の担い手を輩出する思想的基盤の形成に大きく寄与したとの評価が定着している。

中国から発信された手紙の最後の日付は、滞在三か月を経た一九一九年八月四日。高揚する民主主義運動の理念と熱気、これに共鳴する自分たちの心情を一刻も早く友人たちやアメリカ市民に広く伝えようとしたのだろう。当初は公開を想定していなかった家族への手紙の公刊と滞在途中の緊急出版を、夫妻は決断したものと訳者は推測する。

収録されている手紙は、日本発が二十七通に対して中国発が三十七通。発信の密度、長文に及ぶ事例の多さなど、文面内容（記述されている行動内容）を含め、違いが目立つ。日本からの手紙に少なからず見られた「観光・観劇・会食記録」は中国からの発信では後景に退き、学生を中心とする社会運動、これに関連してベルサイユ講和会議の進展など、政治・社会動向に及ぶ記述が多くなっている。

以下、訳者が手元に書きためたメモを項目別に整理し、読者各位の参考に供します。

［手紙の書き手］

個々の手紙をデューイ夫妻のいずれが書いたのか明記されていないが、文脈から、あるいは文中で your farther、your mother（それぞれ「パパ」、「ママ」と訳した）が使われた個所など、推測が可能な事例も少なくない。文体そのものに際立った違いは認められないとはいえ、文面の途中で書き手が「交代」していることが明らかな場合もある（二月十一日付発信などの例）。

出版に際して記名を避けた理由として、夫妻の「共著」による出版であることを強調する意味合いがこめられたものと訳者は推測する。

［デューイ家の家族構成］

ジョン・デューイは、哲学教師として赴任したミシガン大学で一歳年上の学部生アリス・チップマンと出会い、アリスが学部を卒業し、ジョンが助教授に就任した一八八六年に結婚する。翌年、長男フレデリック、八九年に長女エヴリンが誕生する。次男モリス（九二年生まれ）と三男ゴードン（九六年生まれ）は幼くして病死した。九七年に次女ルーシー、一九〇〇年に三女ジェインが誕生。〇五年には、九八年生まれのイタリア系男子サビーノを養子に迎えた。

次女ルーシーは夫妻が中国に到着して三か月後北京に入り、本書の編集にあたった長女エヴリンも翌二〇年二月に合流している。ルーシーは地方講演に随行するなど、滞在が長期におよんだ。三女のジェイン（物理学者）には、学術誌に掲載された「ジョン・デューイの伝記」（一九三九）の著述がある。長男フレデリックは実業の世界に進んだ。

アリス夫人は一九二七年に逝去。四六年、ジョン・デューイはロバータ・ローウィッツ・グラント（〇四生まれ）と再婚する。翌々年、ベルギーの戦災孤児ふたり（姉と弟）を養子に迎えた。

［「東京発 三月二十八日」の記述について］

伯爵・芳川顕正の「家族にまつわる重大な不祥事《ゴシップ》」とは、四女・鎌子（夫は芳川顕正の婿養子）の自家用車運転手との婚外恋愛・心中未遂を指す。「千葉心中」の流行語が当時のメディアをにぎわせ、複数の通俗小説や流行歌が発売されている。

訳者の資料探索によれば――。

・「（芳川の）最初の妻の父親は最近、男爵の地位を得たばかり」は、同じ九州（「南の島」）出身の同姓別人と取り違えたもの。

・「リベラルな長老政治家」は、当時の評価としても疑問符が避けられない。

・「明治天皇との親密な関係」を確認できる史資料はない。ただし、芳川が、第一次山縣有朋内閣の文部大臣に就任し（一八九〇年）、教育勅語起草の任についた折、山縣とともに天皇に伺候する機会があった。

芳川の要職辞任にまつわる根拠のない風評の類を、デューイがそのまま受けいれた記述と思われるが、〈議会や憲法への対応〉など、伝聞情報に別の政治家の行跡が混入している可能性もある。（この個所に限らず、通訳能力の不足を含めミスリーディングの可能性は留保しておく必要があるだろう）。

この項については、千田稔著『華族総覧』（講談社 二〇〇一）、水野秀雄編『伯爵芳川顕正小伝』（芳川顕正伯遺業顕彰会 一九四〇 国立国会図書館デジタルコレクション）、井手文子・江刺昭子共著『大正デモクラシーと女性』（合同出版 一九七七）、西沢爽『日本近代歌謡の実証的研究』（博士論文 一九八九 国立国会図書館デジタルコレクション）などを参照した。

［旭日章叙勲の打診をデューイが辞退したこと］

収録された手紙には書かれていないが、日本滞在中、政府筋から打診された勲章授与をデューイが固辞したことが知られている。

絶対的天皇崇拝の観念が日本におけるデモクラシーの健全な発展の障害になることへの懸念を、多くの論考で表明したデューイの確固たる信念にもとづくふるまいであろう。世界に名を知られる来訪者への叙勲による「抱きこみ」の意図を見抜いた毅然たる対応に、自由人デューイの真骨頂を見る思いがする。

ジョン・デューイの理論的著作の良き読者とはとても言えない訳者ですが、彼の社会的・政治的言動に強く惹かれるままに、『トロツキーは無罪だ』（Not Guilty 1939）に続く翻訳の試みとなりました。

デューイの行動と関心の広がりに導かれるように、日本、朝鮮、中国の近代政治史を「復習」しながらの訳出作業。時間を惜しまず、調査を尽くしたつもりですが、にわか勉強の弱みが理解不足や誤解を生んでいる可能性は否めず、お気づきの点について読者各位のご指摘をいただきたく思います。また、言及されている人物の特定を試みながら力がおよばなかった個所もあり、記述内容の真偽の判断を含め、ご教示いただければ幸いです。関連する教育機関、公共施設、企業法人に不明点を照会するメールを発信したところ、公務多忙の折にもかかわらず例外なく丁重なご回答を賜りました。ここに厚くお礼申し上げます。

出版をお引き受けいただいた論創社の森下紀夫社長、製作過程で丁寧なご指導をいただいた松永裕衣子編集長の両氏に、深く感謝の念を申し述べます。また、組版担当の中野浩輝さまには大変なご負担をおかけしました。装幀をお引き受けいただいた奥定泰之さん共々、この場を借りてお礼を申し上げます。

出版実現には田谷満さんのお力を拝借し、縁をつないでいただきました。いろいろとご心配をおかけし、励ましの言葉をいただきました。ありがとうございます。個々にお名前は記しませんが、知人・友人諸氏から折々の激励と慰労の言葉をかけていただきました。

離れて暮らす家族の存在も日々を生きる力の源です。ありがとう！

二〇二三年十月　　梓澤　登

＊訳出にあたった期間はコロナ禍に重なりましたが、関連して――。世界に蔓延し、日本では死者数約三十九万人（内務省衛生局資料による）におよんだスペイン風邪（当時の名称はinfluenza＝流行性感冒）の流行ピークは、デューイ夫妻が来日する数か月前の一九一八年十一月。二度の流行期の谷間に向かう時期の日本滞在であったことを、ここに書き添えます。

参考文献・資料

鶴見俊輔『デューイ』（講談社 一九八四）＊『鶴見俊輔集2 先行者たち』（筑摩書房 一九九一）所収
G・ダイキューゼン『ジョン・デューイの生涯と思想』（三浦典郎・石田理共訳 弘文堂 一九七七）
杉浦宏編『現代デューイ思想の再評価』（世界思想社 二〇〇三）
上野正道「『デューイ著作集7』解題および解説」（東京大学出版会 二〇一九）
上野正道『ジョン・デューイ ── 民主主義と教育の哲学』（岩波新書 二〇二二）
小柳正司「教育者アリス・チップマン・デューイ」（鹿児島大学教育学部研究紀要 二〇一四）
姫田光義ほか『中国近現代史 上巻』（東京大学出版会 一九八二）
和田春樹『日本と朝鮮の一〇〇年史』（平凡社新書 二〇一〇）
新城道彦『朝鮮王皇族 帝国日本の準皇族』（中公新書 二〇一五）
R・F・ジョンストン著『紫禁城の黄昏』（祥伝社 二〇〇五）
CHRONOLOGY OF JOHN DEWEY'S LIFE AND WORK UPDATED 11/30/16 Compiled by Barbara Levine

【著者・編者略歴】

ジョン・デューイ（John Dewey, 1859－1952）

合衆国バーモント州バーリントン市生まれ。父親は食料品販売会社を経営。バーモント大学卒業後、高校教師を数年務める。ジョンズ・ホプキンズ大学院に進み、徹底したヘーゲル主義者として哲学者の道を歩み始める。教育学・心理学の研究を深めるなかで観念論を脱却する。教師として赴任したミシガン大学で1歳年上の学部生アリス・チップマンと出会い、1886年に結婚。同年、哲学科助教授に昇進する。招聘されたシカゴ大学で哲学科と教育学科の主任教授を兼任。実験学校＝付属小学校の創設を主導したが、校長アリスの処遇をめぐる対立から妻と共に退職。翌1905年、コロンビア大学哲学科教授に就任。05～06年、アメリカ哲学会会長。19～21年、日本・中国に滞在。第1次大戦後、戦争禁止＝違法化運動に参加。24年・28年大統領選挙で第三党候補者を支持。27年、アリス夫人逝去。翌年、ソヴィエト・ロシア教育事情視察団に加わり肯定的な印象記を残すが、体制の官僚化・全体主義への傾斜に疑問を深め、修正した。29年、独立政治行動連盟の初代会長。38年、モスクワ裁判検証・調査委員会の委員長に就任し、レオン・トロツキーの反革命容疑無罪を立証する。翌年、文化自由委員会の委員長。全体主義批判はソ連邦にもおよび国内左派の猛反発を招く。第二次大戦に反ファシズムを掲げて参戦したルーズヴェルト大統領を支持する。46年、ロバータ・ローウィツ・グラントと再婚。90歳を超えても旺盛な執筆活動は衰えなかったが、52年6月、肺炎で亡くなった。

アリス・チップマン・デューイ（Alice Chipman Dewey, 1858－1927）

ミシガン州フェントンに生まれる。父親は家具製造職人。神学校を卒業し、教員として働いた後、ミシガン大学に入学。1886年にジョンと結婚。家事・育児への全面的協力に支えられて、初等教育の諸課題に実践的に取り組む。教育改革に影響を及ぼしたシカゴ大学教育学部付属小学校の創設と運営に大きな役割を果たした。ジョンに同行して訪れた日本・中国で、高等教育拡大や参政権獲得などフェミニズムの論を展開した。27年、高血圧・動脈硬化症が悪化し、亡くなった。

エヴリン・デューイ（Evelyn Dewey, 1889－1965）

デューイ夫妻の第二子・長女。ニューヨーク市のバーナード・カレッジに在籍中、女性労働組合連盟の活動に参加。1909年にニューヨークの縫製工場で起きたストライキを支援する。卒業後も教育改革などの社会活動に意欲的に取り組んだ。教育改革の主要著作のひとつとされる『明日の学校』（1915）は、父ジョンとエヴリンの共著。34年に結婚（著作・講演活動では旧姓使用を継続した）。

【訳者略歴】

梓澤　登（あずさわ・のぼる）

『トロツキーは無罪だ！』（現代書館 2009）
『八月十五夜の茶屋』（彩流社 2012・同電子版 2022）
『ダルトン・トランボ』（七つ森書館 2016）
『国家機密と良心』共訳（岩波書店 2019）
『ペリー提督日本遠征 公式書簡集』（榕樹書林 2024）

デューイが見た大正期の日本と中国
——家族への手紙

2024年1月20日　初版第1刷印刷
2024年1月30日　初版第1刷発行

著　者　ジョン・デューイ／アリス・チップマン・デューイ
編　者　エヴリン・デューイ
訳　者　梓澤　登
発行者　森下紀夫
発行所　論 創 社
東京都千代田区神田神保町 2-23　北井ビル
tel. 03（3264）5254　fax. 03（3264）5232
http://www.ronso.co.jp/
振替口座 00160-1-155266
装　幀　奥定泰之
組　版　中野浩輝
印刷・製本　中央精版印刷

ISBN978-4-8460-2312-6　C0098　Printed in Japan